비움 그리고 채움

비움 그리고 채움

초판 1쇄 찍은 날 · 2014년 5월 12일 | 초판 1쇄 펴낸 날 · 2014년 5월 17일
지은이 · 김용은 | 펴낸이 · 원성삼
등록번호 · 제2-1349호(1992. 3. 31) | 펴낸 곳 · 예영커뮤니케이션

주소 · (136-825) 서울시 성북구 성북로6가길 31 | 홈페이지 · www.jeyoung.com
출판사업부 · T. (02)766-8931 F. (02)766-8934 e-mail: jeyoungedit@chol.com
출판유통사업부 · T. (02)766-7912 F. (02)766-8934 e-mail: jeyoung@chol.com

Copyright ⓒ 2014, 김용은
ISBN 978-89-8350-890-4 (03230)

값 12,000원

이 도서의 국립중앙도서관 출판시도서목록(CIP)은 서지정보유통지원시스템 홈페이지(http://seoji.nl.go.kr)와 국가자료공동목록시스템(http://www.nl.go.kr/kolisnet)에서 이용하실 수 있습니다.
CIP제어번호: CIP2014014682

비움 그리고 채움

김용은 지음

예영커뮤니케이션

머리말

현대인들은 항상 무엇인가에 쫓기고 부족해 하며 늘 갈급(渴急)해 합니다. "목마른 사슴이 시냇물을 찾아 헤매듯이" 영적인 갈급함 역시 절대자인 하나님 말씀에 목말라하고 참 진리를 깨닫기 위해서 많은 노력을 기울입니다.

각고의 노력 끝에 찾아낸 진리를 머리로만 이해하는 것이 아니라 가슴으로 느껴서 자기 것으로 만들고, 그 갈증을 해갈(解渴)할 방법을 찾아 이웃과 함께 나눌 수 있다면 얼마나 좋을까요?

필자가 이 책을 펴내는 목적은 이런 갈증을 해소하여 하나님이 처음 우리에게 주신 첫사랑과 참된 인간성을 회복하는 데 기여하고, 나아가 지성(至誠)으로 하나님을 섬기는 모든 형제들과 시원한 생수를 함께 나눠 마셔 그 갈급함을 다소나마 해소코자 함에 있습니다.

오랜 세월, 세계 각처에 있는 수많은 믿음의 형제들과 선진들의 생각과 체험의 글을 읽고 느낀 것들의 편린(片鱗)들 그리고 신앙생활 가운데 필자가 느낀 감사와 기쁨, 반성과 후회들을 글로 표현한 것들을 한데 모아서 이렇게 신앙칼럼으로 엮게 되었습니다.

저자가 밝혀져 알 수 있는 글들에 대해서는 최대한 그 이름을 밝혔고, 부득이 저자를 알 수 없는 글들을 인용한 것은 그 순수성을 양지하시어 너그럽게 이해해 주셨으면 하는 마음 간절합니다.

이런 시도는 땅속 깊은 곳의 생수를 끌어 올리는 심정으로 다시금 우리들의 영(靈)을 정화시켜 주님의 사랑으로 한마음 되고, 정의를 회복하는 데 좀 더 많은 신앙의 동지들이 공감하고 수범해서 세상에 빛이 되고 소금이 되는 일에 동참하기를 바라는 뜻에서 출발한 것임을 널리 이해해 주시기를 기대합니다.

여기 실린 글들은 말과 이론이 아니라 삶의 현장에서 부딪히고 몸으로 체험하면서 얻어낸 결과물들이기 때문에 소설처럼 꾸며낸 글도 아니고, 재미나 흥미 위주로 써 내려간 글도 아닙니다.

또한 이 책은 처음도 아니고 끝도 아닙니다. 사람이 세상을 살아가면서 체험하고 느낀 것들이 역사의 한 페이지가 되듯이, 역사가 계속되는 한 이런 시도는 끊임없이 이어져 나갈 것입니다.

부족한 글이지만 공감하시고 많은 은혜 받으시기를 주님의 이름으로 기도드립니다.

2014년 5월 김용은

Contents

머리말... 4

/부 타는 불꽃

별난 기도 1 15
별난 기도 2 16
별난 기도 3 17
촛불이게 하소서 18
이런 축복 20
외상 인생 22
낮아지는 삶 24
겸손(謙遜) 26
마중물.. 28
긍정 바이러스 30
말(言語) 32
참말과 거짓말 34
칭찬과 격려.................................. 36
설득(說得) 38
고맙습니다 40
기도(祈禱) 1.................................. 42
기도(祈禱) 2.................................. 45
기도(祈禱) 3.................................. 48
시험해 보라.................................. 50
아버지... 52
껍데기... 54
효(孝) 56
효도(孝道) 59
그 아들 62

가정(家庭) 64

명화(名畵) 66

포옹(抱擁) 68

초달(楚撻) 70

관심(觀心) 72

내 탓이오 74

욕심(慾心) 1 76

욕심(慾心) 2 78

선생님 80

양심(良心) 82

반석(盤石) 84

알바트로스 86

카이로스 88

친구(親舊) 1 90

친구(親舊) 2 92

구원(救援) 95

정성(精誠) 98

접붙임 100

키노의 진주 102

크리스천 104

희망(希望) 106

2부 오래 참음

믿음(信仰) 111

오래 참음 114

인내(忍耐) 1 116

인내(忍耐) 2 118

희망의 씨앗 120

천국(天國) 1 122

천국(天國) 2 125

천국(天國) 3 128

순종(順從) 130

종마(種馬) 132

변화(變化) 1 135

변화(變化) 2 137

변덕(變德) 140

변신(變身) 142

꿈 144

마지막 소원 146

희생(犧牲) 148

포용(包容) 150

사랑 1 152

사랑 2 154

사랑 3 156

결혼(結婚) 1 158

결혼(結婚) 2 161

행복(幸福) 164

생과 사 166

고착(固着) 168

혼돈(混沌) 170

시련(試鍊) 172

기본(基本) 175

십자가 1 178

십자가 2 180

십자가 3 182

관용(寬容) 184

바보들 186

허세(虛勢) 188

교만(驕慢) 190

용서(容恕) 1 193

용서(容恕) 2 196

용서(容恕) 3 198

용서(容恕) 4 200

지혜(智慧) 1 201

지혜(智慧) 2 203

지혜(智慧) 3 206

뿌리 깊은 나무 208

연륜(年輪) 210

3부 비움 그리고 채움

감명(感銘) 215

전도(傳道) 217

충성(忠誠) 220

수지맞은 장사 222

권한과 책임 224

집착(執着) 226

보증서(保證書) 228

구제(救濟) 230

행함(實踐) 1 232

행함(實踐) 2 234

체험(體驗) 236

소리(音聲) 238

관점(觀点) 240

성경(聖經) 1 242

성경(聖經) 2 244

성경(聖經) 3 246

성경(聖經) 4 248

소망(所望) 251

고향(故鄕) 253

관상(觀相) 255

헌신(獻身) 1 258

헌신(獻身) 2 260

헌금(獻金) 262

칭찬(稱讚) 264

기회(機會) 266

큰 뜻(雄志) 269

심인(尋人) 271

자극(刺戟) 274

새싹 277

선행(善行) 279

아름다운 손 282

다시 한 번 284

진짜 사람 286

후회(後悔) 288

비 설거지 290

명기(名器) 292

그림자 294

삼불치(三不治) 296

책임(責任) 298

거저 주기 300

지도리의 삶 302

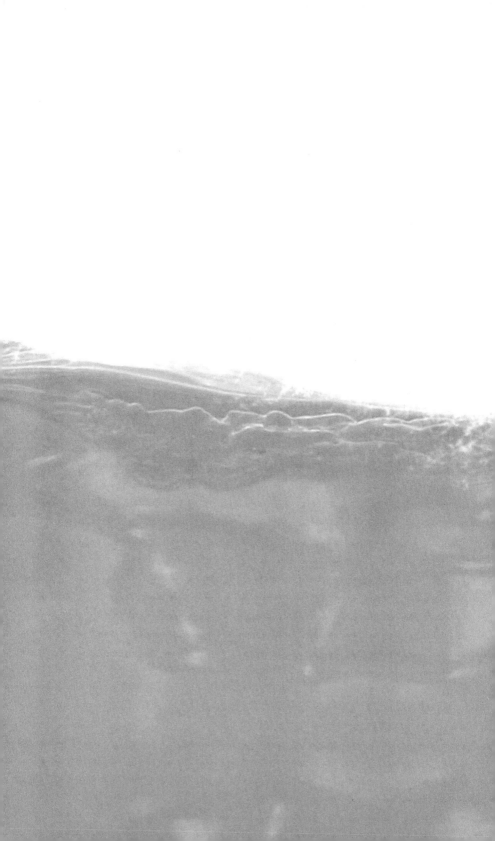

1부

타는 불꽃

별난 기도 1

가이 없고 자비하신 하나님 아버지
나 같은 죄인 살리시고 구속하셔서
다함 없는 사랑으로 어루만지시고
라일락 꽃잎처럼 기뻐 사랑하시니
마음 가득 주님 은혜 넘치나이다

바울처럼 시몬처럼 충성하지 못하오나
사랑하신 은혜만은 기억하고 있사오니
아버지여 이 죄인 미쁘게 여겨 주옵소서
자랑할 것 하나 없는 죄인 된 몸이오나
차가운 손길로 뿌리치지 마옵소서

카나리아 노래처럼 고운 소리 아니지만
타고난 목소리로 여호와를 찬양하오니
파도 위를 유유히 걸어가신 주님처럼
하늘 소망 이 발길 항상 지켜 주옵소서

별난 기도 2

고마우신 아버지 전능자시여
노하기를 더디 하시고 자비를 베푸시니
도무지 그 사랑 측량할 길 없나이다
로뎀나무 그늘 아래 포기하고 누웠어도
모든 것 다 아시고 살 길을 열으셨네

보이는 것 천국이요 천성길로 착각하나
소망 사랑 가져야만 천성길 열리나니
오로지 주만 따라 이 한 몸 바칠지라
조용한 목소리로 주님을 부를 때도
초대 받은 손님처럼 정확히 임하시리

코 끝이 찡하도록 주님 은혜 감사해서
토끼처럼 깡총대며 기뻐 찬양할 때에
포수가 두렵잖고 창검이 겁 없으니
호랑인들 무서울까 사잔들 두려울까
　　주님과 동행하면 두려울 것 없어라 아멘

별난 기도 3

구하라 그리하면 주실 것이요

누구나 믿으면 새 생명 주시리니

두려워 말고 따르면 도우리라 하셨으매

루비처럼 아름다운 그 입술 가지고

무한하신 주님 사랑 영원 찬미하오리다

부자가 은혜 받고 복 받은 것 아니요

수없는 용서 받고 사함 받은 자 복 있나니

우리가 복 받은 자 아니면 그 누구오리이까

주님을 사랑하며 십자가를 질 때에

추한 마음 정결히 변화 받게 하옵소서

쿠데타를 기대하던 가룟 유다 무리들은

투쟁하며 선동하는 지도자로 여겼기에

푸른 하늘 주님 얼굴 쳐다볼 면목 없어

후회하며 자결하는 못된 짓 하였으리

촛불이게 하소서

작고 보잘것없는 이 한 몸이
자신을 태우는 작은 촛불이게 하소서
어두운 세상 살아갈 때에
길을 밝히는 하나의 촛불이게 하소서
절망과 한숨에 쌓인 움츠림 속에서
한 줄기 빛을 발하는 촛불이게 하소서
어둠의 죄악과 혼미의 방황 속에서
갈 길을 인도하는 촛불이게 하소서

이 한 몸 불태워 어둠을 밝히는
희생의 촛불이 되게 하소서
마지막 불꽃이 스러질 때까지
맡겨진 사명을 묵묵히 실천하는 촛불이게 하소서
자기 몸이 다 녹아 없어지고
마지막 남은 심지마저 태워 밝히는 촛불이게 하소서
이름도 흔적도 그 어떤 영광도 그 불빛 앞에선
무의미한 촛불이게 하소서

자신의 욕망과 아집을 버리고
마지막 한 줌까지 태워 없애는 촛불이게 하소서
등잔불과 호롱불도 방향등과 등대불도
다 그 형체와 기구들이 남건만
자신의 몸과 정체성마저 태워 없애서
흔적도 남기지 않는 그 촛불이게 하소서
오직 어둠 속에 빛을 발하고 갈 길을 인도하는
길잡이 불빛이 되게 하소서

녹아 흘러내리는 촛농은 참회하는 눈물이게 하시고
타 들어가는 심지는 간절한 기도이게 하시며
사라지는 불꽃은 나의 헛된 욕망이게 하소서
온누리를 밝히는 일월성신도 아니고
밤길을 밝혀 주는 가로등도 아니며
도심의 화려한 네온에도 견줄 수 없는
소박하고 꾸밈없는 작은 촛불이게 하소서

이런 축복

이런 우주를 창조하신 것이 하나님의 축복이요
이런 지구에 사는 것이 온 인류의 축복이며
이런 만물을 손수 만드신 것이 주님의 축복이요
이런 나라 한국에서 태어난 것이 우리의 축복입니다

이런 좋은 세상 열어 주신 것이 주님의 축복이요
이런 나에게 엄부자친(嚴父慈親)을 허락해 주신 것이 축복이며
이런 기업을 통해 가정 이루게 하신 것이 축복이요
이런 유전을 통로로 착한 자녀 주신 것이 축복입니다

이런 신실한 주님을 만나게 하신 것이 나의 축복이요
이런 교회를 섬기게 하신 것이 내게 주신 축복이며
이런 믿음 안에서 좋은 성도들 만나게 하심이 축복이며
이런 은혜 속에서 믿음생활 하는 것이 축복입니다

이런 만남에서 사랑과 소망을 공유하는 것이 축복이요
이런 좋은 목자와 신실한 동역자 만난 것이 축복이며
이런 제단에 충성스런 직분자 세워 주신 것이 축복이요
이런 공동체 안에서 모범 속에 묶어 주신 것이 축복입니다

이런 성전에서 찬양하며 경배드릴 수 있는 것이 축복이요
이런 은혜가 영원무궁 지속될 줄 믿는 것이 축복이며
이런 소망을 꺾지 않으실 주님의 응답이 축복이요
이런 우리의 사랑과 열정이 식지 않는 것이 축복입니다

외상 인생

우리는 한평생 '외상'으로 살아가고 있습니다. "외상이라면 소도 잡아먹는다."는 옛 말이 있긴 하지만, 당장은 아니더라도 꼭 갚아야 하는 것이 '외상'입니다.

외상은 신분과 신용이 확실한 사람만이 가능합니다. 부모님께서 날 낳고 기르신 것도 외상이요, 이웃과 친구, 친척과 사회와 국가 등 모든 곳에서 나 아닌 타인에게 받은 도움들 모두가 알고 보면 언젠가는 꼭 갚아야 할 외상들인 것입니다.

하나님이 우리 모든 죄를 용서하신 것도 외상이요, 예수님의 십자가 사랑은 그중에 제일 큰 외상입니다. 나를 사랑하는 사람의 보살핌도 외상이요, 요즘 많이 쓰는 신용카드도 알고 보면 모두가 다 외상입니다.

지금껏 주장하는 것들이 외상의 전부가 아닙니다. 따지고 보면 모든 것이 외상 투성이입니다.

외상은 갚아야 합니다. 외상을 갚지 않으면 신용불량자가 되고, 제때 갚지 않으면 차압을 당할 수도 있습니다. 외상을 제때 갚지 않으면 신용이 없는 자로 낙인찍히고, 외상이라고 인식하지 못한다면 몰염치한 자가 됩니다.

우리가 지금껏 받은 모든 것들은 이자를 붙여서 반드시 갚아야 합니다. 그것이 법이고 도리입니다.

갚기만 한다면 한 달란트 받은 자와 무엇이 다를까요? 본전에 이자를 붙이든지 열 달란트 받은 자처럼 많은 이익을 내어 갚아야 합니다. 갚지 않고 두면 이자에 이자가 붙어서 배보다 배꼽이 커질 수도 있습니다.

주님은 우리에게 값없이 모든 것을 주신다고 하셨지만, 그렇다고 해서 우리의 도리를 소홀히 해선 안 되는 것 아닙니까? 주님에게는 주님의 사랑과 방법이 있듯이, 우리에게는 우리의 도리가 있어야 진정한 성도다운 삶을 산다고 할 수 있을 것입니다.

낮아지는 삶

영어의 "언더스탠드(understand)"는 '이해하다' 또는 '알아듣다'라는 단어입니다. 이는 "언더(under)", 즉 '아래' 또는 '밑'이란 단어와 "스탠드(stand)", 즉 '서다'라는 단어를 합친 것입니다. 이를 하나로 묶어보면 '밑에 서다'라고 할 수 있습니다. 결국 이해하고 알아듣는다는 것은 '나의 고집이나 선입견을 내려놓고 상대방의 의견을 이해하기 위하여 낮은 자리로 내려가야 한다'는 것입니다.

우리가 자랄 때를 생각해 봅니다. 대부분의 부모님들은 자기 아이들이 밖에서 놀다가 다투고, 싸움질을 하다가 얻어맞거나 지고 풀이 죽어서 들어오면 무척이나 속상해 하며 "병신같이 지고, 얻어맞고 들어와? 못난 것 같으니…" 하면서 울그락불그락 하셨습니다. 때로는 기어이 앙갚음을 해야 직성이 풀리겠다며 싸운 아이를 찾아가서 쥐어박다가 그들 부모와 싸움을 하는 경우도 많았습니다.

이런 환경에서 자란 아이들은 '지면 안 된다, 지는 것은 곧 비겁한 것이다'라는 생각이 잠재의식으로 각인되어 '어떤 일을 만나든 일단 이기고 보자'라는 강한 압박감으로, 경위야 어떻든 우기고,

24

떼쓰고, 훼방놓고, 억지부리며, 상대를 이해하고 이성적으로 해결하려고 하기보다 무조건 이기고 보려는 심리로 큰소리부터 치는 것이 체질화되어 있다 할 수 있습니다.

유난히 길거리에서 시비가 많이 붙고, 동네가 들썩이게 큰소리를 치면서 싸움질을 많이 하는 국민을 꼽으라면 아마도 우리나라가 맨 꼭대기쯤에 자리할 것입니다. 왜일까요? 단순하고 다혈질인 국민성 때문이기도 하겠지만, 무엇보다도 우리의 주위환경과 어른들의 교육 탓이 아닐까 생각됩니다. "지는 것이 이기는 것이다"라고 말은 하지만 막상 그 반대로 행동하고 있다는 사실을 그 누구도 부인할 수 없을 것입니다.

"언더스탠드", 즉 이해하고 알아들으려면 귀를 열고 마음을 열어서 상대의 말을 경청해야 합니다. 윗자리에서 지리적 이점을 누리기보다 대등하거나 낮은 자리에 내려가서 상대의 의중을 이해하려는 마음가짐과 행동이 선행되어야 합니다.

'낮아짐', 그것은 겸손이고 배려이며 지성이고 교양입니다. 이는 입으로 하는 것이 아니라 마음과 행동으로 실천해야 비로소 그 가치가 빛을 발할 수 있는 것입니다. 이것이 바로 지혜로움과 슬기로움의 능력입니다.

겸손(謙遜)

하루는 성 프란시스의 제자 가운데 한 사람이 졸다가 비몽사몽 간에 하늘나라를 구경하게 되었습니다. 그 제자는 하늘나라를 구경하는 중에 한 전각에서 여러 개의 보좌를 보게 되었는데, 다른 보좌보다 크고 높은 보좌를 발견하고 안내하는 천사에게 물었습니다.

"저 보좌는 누구를 위한 것입니까?"

"저 보좌는 세상에서 가장 겸손한 사람인 '성 프란시스'를 위한 것이라네."

이 말을 들은 제자는 부러움과 함께 괜한 질투심이 생겼습니다.

그리고 며칠 후, 그 제자는 기회를 봐서 스승인 성 프란시스에게 물었습니다.

"선생님, 선생님은 스스로를 어떠한 인물이라고 생각하십니까?"

제자의 얼굴을 찬찬히 들여다보던 성 프란시스는 이렇게 대답했습니다.

"나야말로 세상에서 가장 악한 사람이지."

그 제자는 '이때다!'라고 생각하며 스승에게 힐난조로 물었습니다.

"선생님, 그 말씀은 너무나도 위선적인 말씀이 아닐까요? 세상 사람들은 선생님을 성자처럼 생각하고 있습니다. 이 세상에 악한 사람이 얼마나 많이 있습니까? 강도도 있고, 살인자도 있습니다. 그런데도 어떻게 선생님은 스스로를 가리켜 이 세상에서 가장 악한 사람이라고 생각하십니까? 그것은 겸손을 가장한 위선적인 말씀이 아닐까요?"

그러자 제자의 얼굴을 측은히 여기며 바라보던 성 프란시스는 이렇게 말했습니다.

"그건 자네가 나를 잘 몰라서 하는 소리야. 나는 정말로 세상에서 가장 악한 사람이라네. 하나님께서 내게 큰 은혜를 베풀어 주셔서 지금의 내가 있을 뿐이지, 만일 하나님이 내게 베풀어 주신 것과 똑같은 은혜를 다른 사람에게 베풀어 주셨다면 그 사람은 지금의 나보다 훨씬 더 훌륭한 사람이 되었을 거야!"

이 말을 듣고 제자는 스승에 대하여 마음으로부터 우러나오는 회개와 존경의 마음을 갖게 되었고, 그가 세상을 떠나는 날까지 주님을 대하듯 존경하고 받들며 그를 본받고자 애쓰며 살았다고 합니다.

마중물

불과 얼마전까지만 해도 시골은 물론, 도시 주변 동네에도 우물이 있었고, 그 우물물을 나눠 먹고 사는 사람들은 하나의 이웃이자 가족이었습니다.

그러나 이런 운치 있던 정경도 '펌프'가 등장하면서 점차 사라져 갔습니다. 우물을 밀어냈던 이 펌프도 '수도'의 등장으로 오래 가지는 못했습니다.

잠깐 있다가 사라진 펌프에게는 우리들만의 통용어인 별명이 따로 있었습니다. 바로 '작두샘'이 그것입니다. 일부 지방에서는 지금도 그렇게 부르고 있습니다.

펌프질을 해 본 경험이 있는 사람들은 알 것입니다. 펌프를 통해서 시원한 물을 얻으려면 펌프 입구에 물 한 바가지를 부어가면서 동시에 열심히 작두질을 해야 했습니다. 한참을 그렇게 숨이 차도록 작두질을 하다 보면 어느 순간 땅속 깊은 곳으로부터 맑고 시원한 물이 펌프질의 진공압력 때문에 따라 올라오게 됩니다. 맑은 물이 콸콸 쏟아질 때의 그 기분은 작두질을 해 본 사람만이 느낄 수 있는 쾌감입니다.

이처럼 펌프로 하여금 지하 심연(深淵)으로 내려가 지하수를 데

28

리고 올라오도록 펌프 입구에 부어 주는 물을 '마중물(calling water)' 이라고 합니다. 또 다른 물을 불러오는 물, 그 깊은 땅속까지 내려가 숨어 있는 지하수를 불러오는 물이 다름 아닌 한 바가지의 마중물인 것입니다. 마중물은 물을 얻기 위해서는 절대적으로 필요한, 없어서는 안 될 존재입니다. 그래서 그 어떤 극심한 가뭄에도 항상 펌프 곁에는 한 바가지 이상의 '마중물'을 대기시켜 놓았던 것입니다.

오늘날처럼 힘과 용기를 잃고 방황하는 시대에서는 이 마중물 같은 존재를 갈망하게 됩니다. 마중물처럼 다가가 격려하고 그 안에 숨어 있는 가능성을 발견하게 도와주는, 그래서 그 결과를 칭찬하고 인정해 주는 손길과 마음이 필요한 때입니다.

우리가 전도하고 봉사하는 것과 자녀를 기르고 어린 학생들을 교육하는 것 역시 마중물을 부어서 열심히 작두질 하는 것과 무엇이 다를까요?

이처럼 마중물은 언제나 자신을 내세우지 않고 다음의 누군가를 위해 조용히 그 자리에 대기하다가 필요한 때에 요긴하게 생명을 살리는 역할을 감당합니다. 그러나 그 자신은 힘차게 뿜어져 나오는 물속에 숨어버립니다.

우리 모두는 이처럼 보이지 않는 곳에서 조용히 자기 책임을 다하고, 드러나지 않는 조용한 섬김으로 이웃을 사랑하는 마중물이 되도록 노력해야 하겠습니다.

긍정 바이러스

"긍정을 선택하라. 그러면 당신의 삶은 최고가 되리라."

미국에서 최고의 인기를 누리고 있는 조엘 오스틴 목사가 던진 말입니다.

목사였던 아버지로부터 레이크우드 교회를 이어받아 시무하는 그는 수많은 사람들을 감동시켜 짧은 기간에 엄청난 부흥을 이루어 프로농구팀 홈구장을 장기 임대해서 사용하기에 이르렀고, 미국은 물론 세계 150여 개 나라에 TV 설교가 송출되고 있습니다. 도대체 그에게 어떤 특별한 비결이 있기에 이런 부흥이 가능했던 것일까요?

한때, 새들백 교회의 릭 워렌 목사가 '목적이 이끄는 삶'이란 주제로 세상에 새로운 바람을 일으키더니 이번에는 조엘 오스틴 목사가 이런 바람을 일으킵니다. 그들이 사람들을 매료시킬 수 있었던 것은 끊임없이 '긍정 바이러스'를 퍼트렸기 때문입니다. 그만큼 사람들은 긍정의 가치, 긍정의 힘에 굶주려 있었던 것입니다.

사람들은 흔히 긍정(肯定)보다 부정(否定)에 더 솔깃하고, 그에 동조한다고 합니다. 바로 여기서부터 모든 것은 꼬이기 시작합니다. 하지만 긍정을 선택할 때, 여기서부터 모든 삶의 실마리가 풀려나가는 것입니다. 이처럼 긍정을 선택하기 위해서는 작은 언어 중 하나라도 살펴서 사용해야 합니다.

옛 속담도 "말이 씨가 된다."라고 하며 언어 사용에 대해 경계했습니다. 따라서 "때문에"라고 말하며 탓하지 말고, "덕분에"라고 말하면서 긍정하며 살아야 합니다. 그렇게 하면 자신의 주위에 '긍정 바이러스'를 퍼트려서 모두가 잘되는 일이 일어날 것입니다.

부정적인 언어는 부정적인 생각에서 나오고, 부정적인 생각은 부정적인 결과를 낳게 됩니다. '사랑 바이러스', '기쁨 바이러스'를 전달하도록 우리 모두 노력해야 하겠습니다.

말(言語)

　"교언(巧言)"이란 남의 비위에 거슬리지 않게 하는 교묘한 말을 뜻하는 것이고, "영색(令色)"이란 '좋은 얼굴빛'이란 뜻으로 소인배들의 교묘한 수단과 아첨을 일컫는 말입니다. 결국 이 둘을 한데 묶어 "교언영색"이라고 하는데, 말 잘하고, 수완 좋은 사람을 일컫는 함축어(含蓄語)입니다.

　하지만 이 말은 좋은 의미라기보다는 '간사하고 교활하며 진실성이 결여되었다'는 뜻으로 사용되고 있습니다. 우리가 가장 경계하고 조심해야 할 사람을 가리키기 때문입니다.

　사람이 세상을 살다 보면 여러 형편과 조건, 상황과 처지 때문에 항상 옳은 말, 정의롭고 바른 말만 하고 살 수 없음을 누구나 잘 알게 됩니다. 흔히 "목에 칼이 들어와도 할 말은 해야 한다"고 말합니다. 그러나 그것이 꼭 그처럼 마음먹은 대로 되지 않는 것이 세상사라는 것도 누구나 곧 알게 됩니다. 그래서 사람들은 본의 아니게 직장이나 사회, 가정이나 인간관계에서 알게 모르게 자신을 속이며 살아가고 있는 것이 현실이기도 합니다.

그러나 그 의도가 사기성(詐欺性)이 있거나 상대를 기만(欺瞞)하려는 흑심이 없는 경우라면 때와 장소와 상황에 따라 선의의 교언영색도 필요할 수 있습니다. 선의의 거짓말이 때로는 도움이 되고, 화평을 가져오고, 때로는 모두에게 크게 유익이 되는 경우도 적지 않기 때문입니다. 진실을 말하기 위해 곧이곧대로 말하고 자신의 감정을 적나라하게 얼굴 표정으로 나타내서 오히려 일을 그르치는 경우도 허다함을 우리는 잘 알고 있습니다. 악화(惡貨)가 양화(良貨)를 구축할 수도 있고, 바리대기가 효자 노릇을 할 수도 있듯이 세상일이라는 것이 논리적으로, 정의롭게, 교과서적으로, 단순명료하게만 살아갈 수 없다는 말입니다. 상황과 조건, 형편을 고려해서 지혜롭게 판단해야 낭패를 면하고 화평을 가져올 수 있습니다.

　그렇다면 그 지혜는 어디서 오는 것일까요? 바로 하나님, 그분으로부터 공급받아야 합니다. 어리석거나 경거망동하여 일을 그르쳐서는 안 됩니다. 기도하며 지혜를 구해야 합니다.

참말과 거짓말

"모언화야(貌言花也)하고 지언실야(至言實也)하며 고언약야(苦言藥也)하고 감언질야(甘言疾也)하다."

'잘 가다듬은 말은 꽃이요, 바른 말은 열매이며, 쓴 말은 약이고 달콤한 말은 병이다'라는 뜻입니다. 이 말은 사마천이 쓴 사기(史記)의 "상군열전"에 나오는 말인데, "좋은 약은 입에 쓰나 병에는 이롭다", "지각이 있는 사람은 쉽게 감언이설에 넘어가지 않는다"는 "공자가어(孔子家語)"에 있는 말과 같은 뜻입니다.

말에는 '참말'이 있고 '거짓말'이 있습니다. 마음이 어질고 진실된 사람은 꾸밈과 보탬이 없는 참말을 하고, 속된 사람은 사람들을 속이기 위해 꾸미고 보태서 거짓말을 합니다.

성경, 특히 시편과 잠언에도 하나님은 헤아리기 힘들만큼 말의 중요성과 책임감에 대하여 말씀하고 있습니다. 그러기에 예부터 "혀는 자신을 베는 칼"이라고 했습니다.

우리 하나님의 사람들은 잘 다듬어지고, 알맹이가 있으며, 들어서 약이 되는 말과 듣기에는 좋으나 쉽게 변질되는 말을 판단하여 삼가고, 가려서 들을 수 있는 훈련이 필요합니다. 우리 믿는 자들의 입은 복된 소식과 주님의 복음을 전파하는 성결 된 입술이 되어야 하고, 주님이 기뻐하시는 위로의 말, 사랑스런 말, 아껴 주고, 격려해 주는 말만 골라서 할 수 있도록 힘써야 할 것입니다.

칭찬과 격려

런던의 어느 작은 책방에서 일하던 한 청년이 있었습니다. 그는 오전 5시부터 오후 7시까지 책 정리를 시작으로 모든 일을 혼자 하고 있었습니다. 아무리 취직하기 어려운 시절이라고 하지만 그는 이러한 점들이 너무나 못마땅했습니다. 하지만 그중에서도 쥐꼬리만한 월급이 가장 큰 불만이었습니다.

"이렇게 살다가는 결혼도 못하고 늙어 죽을지도 몰라. 이건 발전 가능성도 없는 일이야. 이젠 정말 떠나야겠어."

이렇게 해서 그는 이 일을 시작한 지 2년째가 되는 날, 주인에게 아무런 말도 없이 여행길을 떠나게 되었습니다. 주인에게 미리 말하면 붙잡고 설득을 할 것이고, 그렇게 되면 마음이 약해져서 결심이 흔들릴까 봐 큰맘 먹고 훌쩍 떠난 것입니다.

그는 길고 먼 여행길을 가는 동안 돈과 식량이 다 떨어졌고, 심신이 극도로 지칠 무렵에 간신히 목적지에 도착할 수 있었습니다. 그 목적지란 바로 그의 어머니가 가정부로 일하는 어느 저택이었습니다.

며칠을 어머니 곁에서 휴식을 취한 덕에 원기는 회복하였으나 그의 생활에 변화는커녕 앞날이 더욱 막막하기만 했습니다. 그는 어머니를 붙들고 미친 듯이 울부짖으며 소리쳤습니다.

"우리 이렇게 살 바에는 차라리 죽는 것이 낫겠어요."

이렇듯 모자는 서로 부둥켜안고 하염없이 울었습니다.

며칠 후, 그는 용기를 내서 그가 졸업한 학교의 교장 선생님께 장문의 편지를 썼고, 며칠 후 교장 선생님의 답장을 받게 되었습니다. 그 답장에는 이런 내용이 적혀 있었습니다.

"편지를 읽어보니 잡역부는 자네에게 어울리지 않을 것 같네. 자네야말로 훌륭한 문장력을 지닌 숨은 인재인 것 같으니 우리 학교에서 보조교사를 하면 어떻겠나? 그렇게 되면 자네가 좋아하는 글도 쓸 수 있을 테니까."

이 한 통의 편지에 적힌 칭찬은 그에게 큰 희망을 주었고, 결국 그의 인생을 바꾸는 계기가 되었습니다.

그는 자신의 적성에 맞는 글을 쓰기 시작했는데, 그가 바로 과학 소설로 유명한 소설가이자 문명 비평가인 하버트 조지 웰스입니다. 그는 쥘 베른과 함께 "과학 소설의 아버지"로 불리고 있습니다.

한마디의 칭찬과 격려, 이것은 인생길을 바꿀 수도 있는 위력이 있습니다.

설득(說得)

사람이 세상을 살아가는 데 있어서 중요한 덕목 중 하나가 바로 '설득력'입니다. 일방적인 주장이나 우격다짐은 다툼과 반목과 대립만 키워낼 뿐, 부작용이 크기 마련입니다.

시오노 나나미가 쓴 『로마인 이야기』라는 책에 보면 이런 글이 쓰여 있는데 공감이 갑니다.

> "설득력이란 문장이나 연설로 자기 생각을 남에게 전달하고 그것을 남에게 납득시키는 능력이다. 무엇을 전달하느냐도 중요하지만, 어떻게 전달하느냐도 중요하다. 이 두 가지가 더해져야만 비로소 남을 설득할 수 있다."

우리는 직장에서, 가정에서, 교회에서 그리고 전도 현장에서 수많은 사람들과 대화를 하며 내 생각을 상대편에 전달하고 또 공감을 얻고자 강조하고, 주장하고, 설득하려고 애를 씁니다.

그러나 한 번 생각해 봅시다. 과연 우리의 행위가 바람직한 설득 노력이었는지를. 오히려 내 생각, 내 방법만을 일방적으로 주입시키려 하고 상대방의 입장이나 생각은 안중에 없다는 듯 행동해 오지는 않았을까요? 그래서 설득을 시켜서 공감을 얻어내기보다는 실망과 좌절과 분노와 역겨움을 유발시켜서 적을 만드는 일은 과연 없었을까요? "내 눈의 들보는 보지 못하고 상대의 눈에서 가시를 찾아내는" 어리석음을 반복하고 있지는 않았을까요? 그러기에 내가 내 자신을 먼저 설득할 수 없으면 내가 남을 설득시킨다는 것은 연목구어(緣木求魚)라는 사실을 깨달아야 합니다. 그리고 그런 능력과 지혜를 구하기 위해 열심히 기도하고 설득력을 키우기 위해 많은 노력을 해야 할 것입니다.

고맙습니다

"고맙습니다", "감사합니다" 이런 인사말은 언제부턴가 우리가 일상 쓰는 언어 중에 가장 흔히, 가장 자주 사용하고 있는 언어가 된 것 같습니다.

이 말은 듣기도 좋고, 상대방에게 친근감을 나타내는 표시이거나 최소한의 예의를 표하는 존경과 답례의 표시이기도 해서 이런 말을 듣지 않거나 하지 않으면 어딘지 모르게 서운하기도 하고 죄스럽게 느껴지기도 합니다.

언젠가 전북대 김인회 연구원이 신문에 기고한 "'고맙다' 어쩌면 너무 가벼운 말"이라는 글을 읽고 크게 공감한 바 있습니다.

어찌된 일인가? 나는 순간 머쓱해지지 않을 수 없었다. 준비해 온 선물을 내밀었으나 그녀는 쓱 받아서 한쪽 구석에 밀어놓고 마는 것이 아닌가? 중국 소수민족 연구를 하고 있는 나는 2천 년 겨울, 중국 광시성(廣西省)에 사는 소수민족인 흰바지야오족(白袴瑤族) 마을을 찾아 숙박하기로 한 집의 주인 아주머니에게 선물을 건넨 것이다. 한국에서 비행기를 타고 7-8시간, 또 택시를 타고 어렵게 산골 마을까지 들고온 선물을 '고맙다'는 말 한마디 없이 슬그머니 받아서 뒷전으로 밀어놓다니…. 나로서는 참으로 이해하기 어려운 일이었다. 하지만 이후에도 이런 일은 늘 반복되었고, 그러다 보니 나도 습관이 되어 더 이상 개의치 않게 되었고 혼자 속으로만 '참 이상한 사람들'이라고 생각하게 되었다. 그후 나는 이 일에 대하여 중국학자에게 물었더니 그분은 껄껄 웃으며 '이 사람들에게는 고맙습니다라는 말이 없다.'고 했다. 도움을 받은 만큼 언젠가 나도 상대방에게 도움을 줄 것이기 때문에 굳이 고맙다라는 말을 할 필요가 없다는 것이다. '고맙습니다'라는 말은 정겹고 따뜻한 느낌을 주기 때문에 나도 자주 애용하는 말이다. 어쩌면 우리가 쉽게 사용하고 있는 '고맙습니다'라는 말은 은혜를 말 한마디로 대신하고픈 우리들의 가벼운 마음을 대변하는 것은 아닐까?

그렇습니다. 진심 어린 감사, 정성을 다한 감사, 마음속으로부터 우러나오는 꾸밈없는 성실한 감사, 이런 감사의 마음이 진정한 감사와 고마움이 아닐까요? 무성의하고, 의례적이며, 형식적인 인사치레, 입으로는 감사하면서 교만기 어린 눈으로 허례허식하는 감사는 감사라기보다는 욕을 돌리는 비례(非禮)라고 생각됩니다.
　　우리는 우리의 감사 행위가 하나님을 향해서도 이런 모습을 보이고 있지는 않은지 한 번 살펴봐야 할 것 같습니다. 그리고 습관적인 "감사합니다, 고맙습니다"에서 하루 빨리 떠나야 하겠습니다.

기도(祈禱) 1

　경제 불황으로 하루하루 입에 풀칠하기도 힘든 나날을 보내던 어느 날, 허름한 옷차림을 한 젊은 여인이 동네 식료품 가게에 들렀습니다. 그녀는 작은 목소리로 가게 주인에게 이렇게 말했습니다.

　"저, 애들에게 먹일 것들이 필요해서 왔는데요."

　"예, 무엇이 얼만큼 필요하신지 말씀하세요."

　주인은 친절하게 그녀에게 물었습니다.

　"저어, 빵과 우유가 필요해요. 하지만 가진 돈이 얼마 안 되어서…."

　가게 주인은 그녀의 수줍어하며 민망해하는 모습을 안타깝게 여기며 이렇게 말했습니다.

　"자자, 마음 편히 말씀하세요. 어려워할 것 없습니다."

　이에 용기를 낸 그녀는 조심스럽게 작은 목소리로 말했습니다.

　"사실 남편이 오랜 투병생활을 하다가 죽고 난 이후 제가 애들 셋을 키우고 있습니다. 제게 남은 것이라고는 이 아이들과 여기 1,300원과 저의 간절한 기도밖에 없습니다."

　이 말을 들은 가게 주인은 잠시 생각에 잠기더니 무언가 결심을 한 듯 말했습니다.

"그럼 당신의 기도를 이 종이에 써 주세요. 그러면 그 무게만큼 필요한 식료품을 드리지요."

그러자 그녀는 주머니에서 꼬깃꼬깃 구겨진 종이 한 장을 꺼내서 주인에게 건네며 말했습니다.

"어제 저녁 저희 애들이 배가 고파서 힘들어하며 칭얼대고, 또 막내가 아파서 고통 받고 있기에 제가 그 옆에서 병간호를 하며 여기에 간절한 마음으로 기도를 적어 놓았습니다."

가게 주인은 그 종이를 펴보지도 않고 그가 늘 사용하는 저울 위에 올려놓으며 이렇게 말했습니다.

"자, 이 기도가 얼마치의 식료품 무게가 되는지 달아봅시다."

가게 주인은 빵과 우유를 저울 위에 올려놓았습니다. 그러나 저울은 꼼짝도 하지 않았습니다. 당황한 가게 주인이 또 올리고 또 올려도 저울은 그 상태 그대로였습니다. 가게 주인은 짜증이 나기 시작했습니다. 장난기 어린 마음으로 적당히 선심을 베풀려고 했는데 저울이 움직이지 않자 당황한 것입니다.

"당신이 필요한 만큼 적당히 담아가시오. 나는 지금 바쁘니까!"

가게 주인은 퉁명스럽게 내뱉고는 다른 손님을 맞이했습니다. 그녀는 눈물을 흘리면서 가게 주인에게 "감사합니다."를 연발하며 식료품을 한아름 안은 채 가게를 나와 집으로 향했습니다.

장사를 마친 가게 주인이 저울이 고장난 사실을 뒤늦게 알게 되

43

었습니다. '이 종이에는 도대체 뭐라고 적혀 있을까?' 가게 주인은 그 여인이 주고 간 종이를 펴보았습니다. 그 종이에는 이렇게 적혀 있었습니다.

"주여, 오늘 우리에게 일용할 양식을 주옵시고 우리 막내를 고쳐 주시옵소서."

기도(祈禱) 2

항상 마누라의 세련되지 못한 외모와 언행에 불만이 많던 정 집사가 하루는 하나님께 간절히 기도를 했습니다. 평소에도 기도는 열심히 해왔으나 별로 시원한 응답을 받지 못했던 그였는데 그날 따라 신기하게도 하나님께서 즉시 응답을 주셨습니다.

"네 소원이 무엇인고? 무엇이든 말하라. 네가 원하는 것 세 가지는 들어 주마."

정 집사는 뛸 듯이 기뻐하며 "하나님, 감사합니다."를 수없이 되풀이하였습니다.

그러나 기쁨도 잠시, '과연 어떤 소원을 말씀드려야 할까?' 고민을 하게 되었습니다.

"그렇지! 이렇게 귀중한 기회를 헛되게 사용해서는 안 되지. 신중에 신중을 기해야겠다."

고민 끝에 정 집사는 세 번뿐인 기회를 최대한 아껴서 사용하기로 했습니다. 그래서 제일 먼저 불만의 대상인 마누라 문제를 해결하기로 했습니다.

"하나님, 제발 제 마누라를 데려가시고 예쁘고 세련된 새 마누라를 주시옵소서."

정 집사의 기도에 신실하신 하나님은 즉시 응답하시고 그 마누라를 데려가셨습니다.

장례식 날, 많은 문상객들이 찾아왔습니다. 정 집사가 문상객들을 일일이 찾아다니며 인사를 하는데, 만나는 사람마다 한결같이 고인(故人)의 평소 언행을 칭찬하며 그의 죽음을 애석해 하는 것이었습니다. 그들은 그냥 인사치레가 아닌 진정 어린 칭찬 일색이었고 자기가 몰랐던 아내의 숨은 미담과 착한 행실을 추억하며 몹시 아쉬워하는 것이었습니다.

'아차!' 하는 생각에 정 집사는 다시 기도했습니다.

"하나님, 제가 잘못 생각했습니다. 저의 부족하고 이기적인 마음을 용서하시고 염치없지만 제 마누라를 돌려 주십시오."

기도를 마치자 오래지 않아 그 아내가 살아 돌아왔습니다.

한결 마음에 여유가 생긴 그는 '마지막 세 번째 소원으로 무엇을 빌까?' 하고 고심을 했으나 좀처럼 생각이 떠오르지를 않았습니다.

'무슨 소원을 빌어야 하지? 이것이 마지막인데….'

무슨 소원을 빌까 고민하던 그는 하나님께 여쭤보기로 했습니다.

"하나님, 제게 가장 필요한 것이 무엇인지 가르쳐 주세요."

그러자 하나님이 말씀하셨습니다.

"지금 받은 은혜에 감사하게 해 달라고 기도하라."

그는 하나님이 가르쳐 주신 대로 기도했습니다.

"제게 베푸신 은혜가 족하오니 이 행복 이 만족감에 오래도록 감사하는 삶을 살게 하옵소서. 저에게 주신 주의 잔이 넘치나이다."

그리고 꿈에서 깨어났습니다.

기도(祈禱) 3

많은 논밭을 소유한 농부가 풍성한 수확으로 창고에 곡식이 가득하게 되었습니다. 그는 꽤 넓은 마을에 자리 잡은 동네 교회에서 주일예배를 빠지지 않고 잘 드리고 있을 뿐만 아니라 식기도(食祈禱)는 물론, 기회 있을 때마다 습관적으로 가난한 사람들을 위해 기도하는 사람이었습니다. 그러나 정작 가난한 사람들이 양식이 떨어져 그를 찾아와서 도움을 요청하면 항상 같은 대답을 하면서 그들을 빈손으로 돌려보냈습니다.

"벌써 식량이 떨어졌다고? 나도 자네들에게 보태 줄 쌀이 없네. 그러니 그냥 돌아들 가게."

사람들은 "옛 속담에 '동냥은 못 줘도 쪽박은 깨지 말라.' 했는데 너무 한다."며 침을 뱉고 돌아가기 일쑤였습니다.

어느 날 아침, 또 다시 가난한 사람을 위하여 기도하는 아버지께 그 아들이 물었습니다.

"아버지, 제가 갖고 싶은 것이 하나 있는데 그것이 뭔지 아세요?"

"글쎄, 모르겠는데? 무엇이 갖고 싶은데?"

아들은 아버지에게 대답했습니다.

"저는 우리 창고에 있는 쌀 열 가마니 정도가 필요해요."

아들의 대답에 아버지는 눈이 휘둥그레져서 "으잉? 쌀을 열 가마니나? 근데 그걸 뭣에 쓰려고?" 하고 물었습니다.

"저는 이 쌀들을 가난한 사람들에게 나누어 주어 그들을 위해 날마다 기도하시는 아버지의 수고를 덜어드리고, 그 기도가 응답되기를 원해요."

아들의 대답을 듣고 아들의 얼굴을 뚫어져라 한참을 쳐다보던 아버지는 신음처럼 대답했습니다.

"거 참…."

"사람의 인격은 혼자 있을 때 드러난다."는 말이 있습니다. 우리가 살아가는 모습을 보면 주위 사람의 시선을 너무 의식하는 것 같습니다. 물론 주위의 시선을 의식하지 않고 막무가내로, 내 방식대로 사는 것도 문제입니다. 하지만 중요한 것은 사람이 볼 때나 보지 않을 때나 항상 하나님이 주신 기본 양심대로 행동하는 것입니다. 이것은 억지로 꾸며서도 안 됩니다.

"암실기심(暗室欺心)이라도 신목(神目)은 여전(如전)"이란 말이 있습니다. 무소불위(無所不爲)하신 하나님은 어두운 암실이나 우리 마음속까지 다 알고 계시기 때문에 속일 수 없다는 말입니다.

사람은 미처 알아보지 못하거나 눈감아 줄지라도 하나님은 항상 우리를 지켜보고 계신다는 사실을 기억해야 합니다.

시험해 보라

어떤 청년이 역사상 가장 위대한 부흥사 D.L 무디를 찾아와서 이렇게 말했습니다.

"선생님은 위대한 하나님의 사람이며 존경 받는 분으로서 성경 말씀을 사랑하고 또 그 말씀으로 평생을 살아오신 분이시니 선생님의 성경책을 꼭 한 번 보고 싶습니다."

"그래요? 다른 사람들의 것과 별로 다를 것이 없는데…. 원하신다니 보여드리지요."

무디는 그 청년에게 자신이 가지고 있던 성경책을 보여 주었습니다. 그 성경은 낡고 손 때가 묻은 평범한 책이었으나 성경을 펴는 순간 청년은 놀라지 않을 수 없었습니다. 그 성경에는 성경구절마다 색연필로 밑줄이 그어져 있었으며, 깊은 묵상의 언어들로 채워져 있었기 때문입니다. 또한 창세기부터 요한계시록까지 성경 도처에 'T.P(Test. Proof)'라는 글자가 적혀 있었습니다. 청년은 궁금증을 참을 수 없어서 무디에게 물었습니다.

"선생님, 이건 도대체 무슨 뜻이며, 왜 여기에 이렇게 기록이 되어 있는 것인가요?"

청년의 질문에 무디는 빙그레 웃으며 대답했습니다.

"아, 그거요? 그것은 '실험해 보았더니 입증되었다'라는 뜻입니다."

"그럼 이 많은 말씀들을 일일이 실험을 해 보았다는 말씀입니까?"

"예, 그렇습니다. 왜요? 믿어지지 않으십니까?"

"아, 아닙니다. 그럴 리가 있겠습니까? 그저 놀라울 뿐입니다."

무디는 창세기부터 요한계시록까지 어느 말씀, 어느 구절 하나라도 생활 속에 적용될 수 없는 말씀이 없으며, 그 말씀은 곧 그대로 그에게 생명과 능력과 광명이 된 것을 체험적으로 보여 준 것입니다. 그러므로 우리 믿는 자들은 매일매일 하나님의 은혜를 체험하고, 하나님을 인격적으로 만나는 경험이 있어야 합니다. 그러기 위해서는 매일 기도하고, 매일 말씀을 묵상해야 합니다.

하나님께서는 우리에게 이렇게 명령하십니다.

"너희는 여호와의 선하심을 맛보아 알지어다(시 43:8)."

하나님의 말씀은 살아 역사하시기에 그 말씀을 붙들고 믿음으로 나아가면 말씀 그대로 이루어지는 역사를 체험하게 될 것입니다. 하나님은 우리에게 성경 여러 곳에서 "나를 시험해 보라."는 말씀을 하고 계십니다.

아버지

두 부자(父子)가 다정하게 길을 걷고 있었습니다. 재잘거리며 앞에서 걷고 있던 아들이 도로에서 큰 돌을 발견하고는 가던 걸음을 멈췄습니다. 아들은 두 손으로 그 돌을 치워보려고 했지만 돌은 꼼짝도 하지 않았습니다. 아들은 이 돌을 자기가 치우지 않으면 다른 사람들이 다니기에 불편할 것 같다는 생각을 했습니다. 그래서 다시 한 번 젖 먹던 힘까지 온 힘을 다해 돌을 움직여보려고 했으나 헛수고였습니다.

얼굴이 빨갛게 달아오른 아들은 잠시 무엇인가를 생각하더니 길가에 있는 막대기를 하나 주워 왔습니다. 돌 밑에 막대기를 놓고 지렛대처럼 활용을 해 보았으나 돌은 약간 들리는 척하더니 그 자리에 그대로 꼼짝도 하지 않았습니다.

그 모습을 지켜보고 있던 아버지가 빙그레 웃으면서 이렇게 말했습니다.

"애야, 네가 할 수 있는 방법을 다 써 보았니?"

"그럼요. 내가 할 수 있는 방법은 다 써봤는데 이렇게 꼼짝도 안 해요."

아들은 불만스럽게 대답했습니다.

"아니야. 너는 제일 쉬운 방법을 잊고 있는 거야."

"예? 무슨 방법이요?"

아들은 의아스런 표정으로 아버지를 쳐다보았습니다.

"잘 생각해 보렴."

아버지가 말했습니다.

고개를 갸웃거리던 아들은 그제야 아버지의 의도를 알아차렸습니다.

"아빠가 좀 도와주세요."

아들은 애교스럽게 아버지에게 매달렸습니다. 아버지는 빙그레 웃으면서 단숨에 그 큰 돌을 길 곁으로 옮겨 주었습니다.

이처럼 우리는 정작 필요할 때는 무엇이 필요하고, 누구의 도움이 필요한지 잊어버릴 때가 많습니다. 우리의 삶에서 도움을 주실 분은 바로 그분, 곧 하나님이라는 사실을 잊지 말아야 하겠습니다.

껍데기

아버지와 아들이 함께 길을 가다가 거리에서 우연히 친구를 만나게 되었습니다. 둘은 서로의 안부를 물으며 덕담을 주고받았습니다. 한참만에 그 친구가 물었습니다.

"여보게, 자네 옆에 있는 이 아이는 누군가?"

그러자 아버지는 아들을 돌아보며 "응, 얘는 내 아들일세." 하고 대답했습니다. 그러자 그 친구는 장난기가 발동하여 아이에게 물었습니다.

"이 아저씨가 너희 아빠 맞니?"

그랬더니 아들은 선뜻 대답을 못하고 한참을 망설이더니 "글쎄요, 잘 모르겠는데요?"라고 대답을 하는 것이었습니다. 아들의 영뚱한 대답에 어이가 없어진 아버지는 화가 나서 아들을 향해서 다그쳤습니다.

"이 녀석아, 내가 네 놈의 아비인지 잘 모르겠다니, 그게 무슨 해괴한 대답이냐? 어른의 물음에 농담으로 대꾸를 하다니! '글쎄요'라고? 이런 고얀 녀석 같으니라고!"

그러자 아들이 대답했습니다.

"나랑 같이 있다고 무조건 아빠라고 할 수 있나요? 삼촌도, 이웃

54

아저씨들도 나랑 같이 있어 주잖아요. 안 그래요?"

"뭐야? 뭐가 어쩌고 어째?"

화가 머리끝까지 난 아버지가 주먹을 불끈 쥐고 군밤을 먹이며 버럭 소리를 질렀습니다.

"이놈아, 네가 내 아들이 아니라면 내가 왜 너를 먹이고 입히느라 뼈가 빠지게 이 고생을 하겠느냐? 이런 배은망덕(背恩忘德)한 놈 같으니…."

어이가 없어 말을 못하는 아버지에게 아들이 대꾸했습니다.

"나를 먹여 주고, 입혀 준다고 다 아빠인가요? 삼촌도 그런 거 잘 해줘요. 아빠는 그런 거라도 한 번 해 줘본 적 있어요?"

아들의 항변에 할 말을 잃은 아버지를 향하여 아들이 또 말했습니다.

"나를 먹여 주고, 재워 주고, 입혀 주는 것은 누구라도 할 수 있잖아요. 그런 것 말고 아빠가 내 아버지라는 확실한 증거를 대보세요. 아침마다 회사 가면 밤늦게 술 취해 돌아오죠, 토요일은 잠만 자죠, 일요일은 낚시 가죠. 언제 나하고 공원이나 놀이터나 산이나 강을 가거나 함께 공부하거나 운동한 적 있어요? 박물관이나 시장에 같이 간 적 있어요?"

그때 아버지가 아들의 말을 막았습니다.

"알았다, 그만해라. 네 말이 맞다. 나는 니 애비가 아니라 네 껍데기다 껍데기."

효(孝)

이 이야기는 18세기경의 유대 민화(民話)에 나오는 이야기입니다.

세 마리의 새끼 새와 어미 철새가 강을 건너기 위해 준비를 하고 있었습니다. 비바람이 거세게 몰아쳐 새끼들은 자기들 혼자의 힘으로는 그 넓은 강을 건널 수 없었습니다. 고민 끝에 어미 새가 새끼를 한 마리씩 품에 안고 차례로 강을 건너기로 하였습니다.

어미 철새는 첫째 새끼 새를 품에 안고 강 위로 날아올랐습니다.

"아들, 내가 너를 위해 얼마나 힘겹게 날고 있는지 알고 있니? 나는 목숨을 걸고 너를 품에 안고 있단다. 네가 이다음에 어른이 되거든 너는 내가 네게 한 것처럼 내게 해 주겠니?"

그러자 첫째 새끼 새가 이렇게 대답했습니다.

"무사히 이 강만 건너게 해주세요. 내가 어른이 되면 엄마를 위해서 무엇이든지 할게요."

어미 새가 답했습니다.

"너는 지금 내게 거짓말을 하고 있구나."

이번에는 어미 새가 둘째 새끼 새를 품에 안고 강을 건너면서 같은 질문을 했습니다.

둘째 새끼 새는 이렇게 대답했습니다.

"물론이죠. 내가 어른이 된 후가 아니라 강을 건너자마자 즉시 효도하겠습니다. 그러니 염려 마시고 저를 건너편 강가까지만 무사히 건너게 해 주세요."

이에 어미 새가 말했습니다.

"너 또한 내게 거짓말을 하고 있구나."

힘들게 두 번 강 건너기를 반복하고 지친 몸으로 셋째 새끼 새에게 돌아온 어미 새는 잠시 숨을 고른 후, 마지막으로 셋째 새끼 새를 품에 안고 안간힘을 쓰면서 날아올랐습니다. 그리고 똑같은 질문을 했습니다.

"내가 너를 위해 목숨을 건 것처럼 너 또한 나를 위해 목숨을 걸겠니?"

그러자 셋째 새끼 새가 대답했습니다.

"엄마께 은혜를 갚지 않는다면 저는 나쁜 자식이 될 거에요. 그러나 제가 엄마께 약속할 수 있는 것은 제가 어른이 되어서 자식이 생긴다면 저도 엄마처럼 할거에요."

"그래, 네 말이 맞다. 네 말이 가장 현명한 대답이다."

부모가 자식들에게 사랑을 베푸는 행위는 내가 노력한 것에 대한 그 어떤 대가를 바라고 하는 것이 아니며, 효도를 강요하는 것도 아니라는 것을 누구나 잘 알고 있습니다. 옛 문헌에 보면 "자식을 낳을 때는 서말 여덟 되의 응혈(凝血)을 흘리고, 키울 때는 여덟 섬 너말의 혈유(血乳)를 먹인다."고 했습니다. 그러니 부모님의 은혜를 무엇으로 다 갚을 수 있겠습니까? 그래서 자비하신 하나님께서는 이 어려운 난제를 풀 수 있는 길을 열어 주셨습니다. 그것은 바로 "너의 자식에게 갚아라."입니다. 그렇습니다. 부모에게 못다 한 것은 평생을 두고 자식에게 갚아야 합니다.

효도(孝道)

　요즘 중국에 새로운 풍속이 생겨났다고 합니다. 중추절을 앞두고 부모님을 대리 방문하거나 선조들의 묘소를 대리 성묘하는 직업이 성행하고 있다는 것입니다. 직장 때문에 혹은 경제적 어려움 등 여러 가지 사정으로 자신을 대신하여 서비스를 해 주고 그 대가를 받는데, 10분당 8위안부터 5천 위안까지, 그러니까 우리나라 돈으로 환산하면 약 90만 원에서부터 1,400만 원 정도 된다고 합니다.

　금액에 따라 여러 패키지 상품들, 예를 들면, 대화를 나누고 집안일을 거들어 주는 것에서부터 휴대폰이나 가전제품 사용법을 가르쳐 주고, 신청인이 보내는 안부인사 동영상을 보여 주고, 방문보고서를 작성하며, 부모님 사진이나 비디오를 촬영해서 의뢰인에게 가져다 주는 일까지 다양하게 구성되어 있다고 합니다. 편리해서 좋다거나 현대사회에 발맞춘 적절한 직업이라는 호평도 있지만, 아직도 많은 사람들에게는 낯선 풍경이며, 억지춘향식 효도라며 차라리 안 하는 편이 나을 거라는 반응도 만만치 않다고 합니다.

　필자가 대만에 갔을 때 목격한 일입니다. 대만(臺灣)에서 본토 가족과 헤어져 실향민으로 살다 보니 상(喪)을 당해도 마땅히 울어 줄 사람이 없어서 곡쟁이를 고용해서 호상(護喪)을 하며 돈을 받고 울어 주는 모습을 보았습니다. 그때 씁쓸함과 동시에 서글픈 연민의 정을 느꼈습니다. 마지못해 소리로만 우는 시늉을 하는 사람보다는 울다 보니 자기 설움에 북받쳐 눈물을 흘리며 큰 소리로 우는 사람들이 3-5배에 달하는 짭짤한 수익을 올리기도 한다고 합니다.

극히 동양적인 인정주의와 충효사상은 높이 평가 받을 만하지만 내 한 몸, 내 식구 살기도 팍팍한 힘들고 어려운 세상에 옛날의 전통을 미덕으로 삼아 마지못해 억지로 시늉만 내는 일은 결코 권장될 일은 아닐 것입니다. 그렇다고 바쁘고 복잡한 세상에 자식들에게 큰 짐을 지워 주는 것도 결코 바람직하지 않다고 생각됩니다. 이젠 묘(墓) 자리 구하기도 힘들고, 장사 지내기도 어려운 일이 되어서 그런 부담을 덜어 주기 위해 납골당이나 수목장 활용이 늘고 있습니다.

대부분의 부모들은 자식이라면 껌뻑 죽는 시늉을 합니다. 자식이 온 우주의 전부인 것처럼 생각하여 집안 경제나 웃어른 봉양 등 그 어떤 편의도 최우선을 자식들에게 초점을 맞추고 있습니다. 부모는 굶주리면서도 그 음식을 자식에게 주지만, 자식은 자기가 먹고 남아야 부모에게 줍니다. 그렇게 큰 자식들이 자기 자식 오줌 똥은 더럽지 않다고 하면서도 늙은 부모의 침과 눈물은 더럽다고 합니다.

부모 모시기를 자기 자식 기르듯 할 수는 없겠지만, 자식을 웃게 하기는 어려워도 부모를 웃게 하는 것은 쉽습니다.

"주자십회훈(朱子十悔訓)"에도 보면 '불효부모사후회(不孝父母死後悔)'라고 해서 "부모에게 불효하면 돌아가신 뒤에 후회한다."고 했습니다. 또 예수님께서도 우리에게 십계명(十誡命)을 주시면서 "네 부모를 공경하라."고 명하셨습니다.

하지만 가장 중요한 것은 부모님이 돌아가신 후 제사를 잘 지내고, 성묘를 잘하는 것보다 살아 계실 때 자주 찾아뵙고 최대한 마음이 편하시도록 걱정을 끼치지 않는 것입니다.

그 아들

오스트리아 비엔나에서 있었던 일입니다.

이곳에서는 죄수를 일정 기간 동안 거리 청소부로 일하게 한 적이 있었습니다. 우리나라로 치면 '사회봉사'와 같은 것입니다.

어느 눈 오는 날, 수상이 창 밖을 내려다보다가 기이한 장면을 목격하게 되었습니다. 의복을 단정하게 차려 입은 어떤 젊은 청년 이 눈을 쓸고 있는 한 죄수에게 다가가 그의 때 묻은 더러운 손에 정성껏 입을 맞추는 장면이었습니다.

잠시 담소를 나누던 그들이 헤어지자 수상은 그 죄수가 위험한 정치적 지도자이며, 청년은 그의 추종자일 것이라고 생각하고 즉 시 그 청년을 잡아오게 하였습니다.

수상은 근엄한 표정으로 잡혀온 청년을 이리저리 살피며 말했 습니다.

"너는 조금 전에 만난 그 죄수와 어떤 관계이며, 또 무슨 말을 나누었느냐?"

그러자 잠시 어리둥절했던 청년은 상황을 짐작하고 이렇게 대 답했습니다.

"각하, 그 사람은 바로 저의 아버지입니다."

그러자 수상이 놀라며 다시 물었습니다.

"뭐? 네 아버지라고? 그게 사실인가?"

"예, 날씨가 춥기에 잠시 제 입김으로 아버지의 손가락을 녹여 드렸을 뿐인데 뭐 잘못되었습니까?"

청년의 당당한 대답에 뜻밖의 사실을 알고 할 말을 잃은 수상은 청년을 칭찬과 위로의 말로 다독여 돌려보낸 후 곧바로 국왕을 비롯한 관계 장관에게 이런 편지를 써 보냈습니다.

"그의 아버지가 비록 죄를 지었다고는 하지만, 자식을 저렇듯 훌륭하게 교육시키고, 뜨거운 애정을 그 마음속에 심어 주었다면 그는 결코 나쁜 사람이 아닐 것입니다. 누구의 모함인지 재조사를 해서 그를 사면시키도록 부탁합니다."

얼마 후 국왕은 청년의 아버지를 석방하라는 교서를 내렸습니다.

가정(家庭)

5월은 가정의 달입니다. 어린이날을 시작으로 어버이날이 이어지고, 5월의 나머지 날들도 가정의 달에 포함되어서 사람들은 나름대로 의미 있는 날들을 보내려고 합니다. 이에 덧붙여 지금은 많이 퇴색되어 가고 있지만 스승의날도 이 5월에 있는데 이는 "군사부일체(君師父一體)"라는 예로부터의 미풍양속(美風良俗)이 전승되어 온 것입니다.

하지만 우리는 언제부터인가 가정이 해체되는 위기감 속에 살아가고 있습니다. 문명의 발달과 경제적 발전에 환호하며 탐닉(耽溺)하는 사이에 '가정해체'의 먹구름이 어느새 우리의 울타리, 바로 나의 턱 밑까지 이르게 되어 위기를 느끼게 됩니다. 자연재해인 엄청난 쓰나미(津波)는 지구 종말을 예고하는 재앙(災殃)이라 할 수 있으며, 가정의 해체는 가족의 실종, 즉 삶의 기본을 휩쓸어 가는 '가정 파멸'의 쓰나미라고 할 수 있습니다.

우리의 삶 중에서 가족의 의미를 가장 잘 느낄 수 있는 곳이 '식탁공동체'입니다. 가족이라면 누구나 식탁에 둘러앉아 함께 식사를 하고, 대화를 나누고, 서로 마주보며 사랑을 교감하면서 가족의 일원임을 공감합니다. 그러나 우리는 언제부터인가 바빠서, 식성이 달라서, 회사 일로, 학교 때문에, 약속이 있어서 등 허다한 이유로 온 가족이 한 자리에서 함께 식사하는 시간이 점점 줄어들기 시작했고, 온 가족이 한 자리에서 함께 식사하는 것은 텔레비전에 출연하는 것보다 더 어려울 지경이 되고 말았습니다. 그러니 '밥상머리교육'이니 '한 상에 둘러앉아'라는 말도 이젠 고전소설에나 나옴직한 말이 된 것입니다. 남편과의 대화는 물론, 자녀들, 이웃과의 대화 역시 희망사항일 뿐 현대인들은 고도(孤島)에서 자기 독백(獨白)을 곱씹으며 살아가는 고독(孤獨)한 에뜨랑제(異邦人), 다시 말해 현대판 '로빈슨 크루소'가 되어 가고 있다 할 것입니다.

그러나 우리가 꼭 생각해야 할 것이 있습니다. 그것은 그 책임을 남의 탓으로 돌린다는 것입니다. 이 모든 원인이 나 때문이 아니라 너 때문이라며 책임을 전가하고 서로 반목하면서 불화가 생겨 가정이 점점 깨어져 가고 있습니다.

하지만 우리의 가정은 누구 한 사람의 소유나 책임이 아니라 온 가족 모두의 것임을 알아야 합니다. 그렇기 때문에 각자 자기의 자리를 지키고, 자기에게 주어진 책임을 제대로 감당해야만 가정으로서의 기능과 역할을 수행할 수 있는 것입니다.

이처럼 한 가족, 한 가정을 이루어 나가는 데에는 각자 맡아야 할 책무(責務)와 역할이 있습니다. 가족 구성원 모두가 자기 역할만 제대로 수행해 간다면 행복한 가정은 그 안에서 자연스레 이루어질 것입니다.

명화(名畵)

한 화가가 이 세상에서 가장 아름다운 그림을 그려야겠다는 생각 끝에 그 소재(素材)를 찾아 길을 나섰습니다.

한참을 헤매던 그는 공원 벤치에서 쉬고 있다가 마침 그 앞을 지나는 신부(神父)를 발견했습니다. 화가는 그 신부에게 다가가서 물었습니다.

"저어~ 신부님, 신부님은 이 세상에서 가장 아름다운 것이 무엇이라고 생각하시는지요?"

그러자 잠시 생각하던 신부가 대답했습니다.

"믿음이 가장 아름답다고 생각합니다."

"그렇겠네요. 믿음, 그만한 아름다움이 또 있을지 모르겠군요."

신부의 말에 화가는 고개를 끄덕였습니다. '믿음'은 우리가 우리 안에서 함께 있는 것임을 인정하는 것이기 때문이지요.

화가는 다시 길을 떠났습니다. 그리고 소재가 될 만한 것이 있을지 눈여겨보았습니다. 그러다 그를 스쳐 지나가는 아름답고 매혹적인 한 여인을 만나게 되었습니다.

"잠깐 실례하겠습니다. 혹시 숙녀분께서는 이 세상에서 가장 아름다운 것이 무엇이라고 생각하시는지 말씀해 주시겠습니까?"

그러자 잠시 머뭇거리던 그 여자는 이렇게 대답했습니다.

"글쎄요? 그건 아마도 사랑이지 않을까요? 사랑에 빠지면 세상 모든 것이 아름답게 보이니까요."

화가는 "사랑이라. 그래, 사랑이야…."라고 중얼거리며 소재를 찾아 걷다가 한 군인을 만나게 되었습니다. 그래서 화가는 같은 질문을 던졌습니다.

"그야 평화가 아닐까요? 평화보다 더 아름다운 것은 없을 것 같습니다."

군인은 이렇게 대답했습니다.

화가는 고민이 생겼습니다.

'세상에 믿음, 사랑, 평화를 모두 다 갖춘 것이 어디에 있을까?'

화가가 생각에 잠겨 길을 걷다 보니 어느새 자신의 집으로 돌아오게 되었습니다. 현관문을 열자 "아빠!" 하고 소리치며 아이들이 뛰어와서 그의 품에 안겼습니다. 그 아이들 뒤로 그의 아내가 온화한 미소를 지으며 "어서 오세요!" 하고 반겼습니다.

이 모습을 본 화가는 속으로 외쳤습니다.

'그래, 바로 이거야!'

그는 가족들의 그 따뜻하고 사랑스런 모습을 열심히 그렸습니다. 그리고 그 그림에 이런 제목을 써 붙였습니다.

"세상에서 가장 아름다운 그림"

포옹(抱擁)

　아내들이 가장 행복한 순간은 언제일까요? 오래전 한 일간지에서 발표한 내용에 따르면 '아내가 된장국을 끓이고 있을 때 남편이 뒤에서 살그머니 포옹해 주는 순간'이라고 했습니다.

　텔레비전 프로그램 중 "동물의 왕국"을 보면 갓 낳은 새끼를 계속 핥아 주는 어미의 모습이나 서로 털을 헤치며 이를 잡아 주는 원숭이를 볼 수 있습니다. 또한 꽃들이 종족 보존을 할 수 있는 것도 벌과 나비들의 스킨십 덕분이라고 합니다.

　동물이나 식물 모두 서로 접촉이 없으면 생존할 수 없다 해도 과언이 아닐 것입니다. 그렇다면 사람은 어떨까요?

　모든 사람은 예외 없이 스킨십에 대한 욕구가 있습니다. 이 욕구가 채워지지 않은 사람은 따뜻한 마음으로 이해하고 사랑하기보다는 비판적이고 몰인정하며 차갑다고 합니다.

　캐서린 키팅이 지은 『포옹할까요』란 책에 이런 내용이 나옵니다.

　하자, 포옹하자. 포옹하면 기분이 좋아져요. 외롭지 않아요. 두려움
　을 이길 수 있어요. 자신감도 생기고 게다가 포옹은 민주적이에요.

누구나 포옹할 자격이 있죠. 환경친화적이에요. 포옹은 자연을 파괴하지 않으니까요! 단열효과가 높아요. 열이 보존되잖아요? 행복한 날은 더욱 행복하게, 견딜 수 없는 날은 견딜 만하게 해줘요. 포옹이 끝난 뒤에도 그 따스함은 오랫동안 우리 마음에 울림으로 남는답니다. 우리 포옹할까요?

이 책은 "포옹의 힘과 포옹의 유형 그리고 포옹요법" 등이 귀여운 곰 삽화를 배경으로 자세히 소개되고 있는데, 이를 한 문장으로 요약하면 "좀 더 자주 그리고 잘 안아 주세요."라고 할 수 있을 것 같습니다.

요즘 사회 전반에 걸쳐 성 모럴(moral)이 붕괴되고 성희롱 등이 크게 뉴스거리가 되고 있습니다. 문제는 스킨십 자체가 아닙니다. 그 대상과 방법과 타이밍이 문제인 것이지요.

지치고 힘든 사람, 병들어 고통 받는 사람, 낙망하여 실의에 빠진 사람, 가난하여 도움이 필요한 사람, 남녀노소를 불문하고 이런 사람들에게는 상황에 따라 따뜻한 포옹과 위로가 필요할 것입니다. 특히 가족은 사랑으로 뭉쳐진 끈끈한 사랑의 공동체이므로 서로를 아끼고 격려하고 위로하면서 가능한 범위 내에서 최대한, 자주 포옹하는 것이 좋을 것입니다.

우리 포옹할까요? 그러면서 그 따뜻한 사랑을 확인해 보시는 것은 어떨지요?

초달(楚撻)

이덕무가 쓴 『사소절(士小節)』에 이런 글이 쓰여 있습니다.

"남자는 가르치지 않으면 내 집을 망치고, 여자는 가르치지 않으면
남의 집을 망친다. 그러므로 미리 가르치지 않는 것은 부모의 죄다.
당장 편한 대로 은애(恩愛)하다가 무궁한 근심과 해악을 끼친다."

"교부초래(教婦初來)"는 며느리를 맞으면 처음부터 그 가정의 여
러 전통과 문화 그리고 예의범절과 법도를 가르쳐야 한다는 말입
니다. 또 이런 글도 보입니다.

"망아지는 길들이지 않으면 좋은 말이 될 수 없고, 어린 솔은 곧게
바로잡아 주지 않으면 훌륭한 재목이 될 수 없다. 자식을 두고도 가
르치지 않는 것은 내다버리는 것과 한가지다."

여기서의 가르침이란 학교에 보내고 학원에 보내 영어 수학을
많이 알게 해서 세상적인 학문과 지식에 뛰어난 아이로 키우라는
것이 아니라 인간이 가져야 할 기본적인 예의범절과 기초교양, 즉

가정교육을 잘 시키라는 말인 것입니다.

　공자께서도 "어려서 이룬 것은 천성과 같고 습관은 자연과 한가지다."라고 했습니다. 자식을 가르치기 위해서는 우선적으로 부모가 본을 보여야 합니다. 부모가 본을 보이지 않으면 자식에게 영(令)이 서지를 않는 것입니다. 자식은 본 대로 행동합니다. 그래서 우리말 중 "본디 없는 것"이라는 말은 교양 없는 사람을 일컬어 비하(卑下)하는 말로 사용하기도 합니다. 사람들이 밖에서 행동하는 것을 보면 그 부모가 평소에 어떻게 행동하는지, 그 집의 교양과 가풍이 어떠한지 훤히 보이는 것입니다.

　인간의 기본인 인성교육은 뒷전이고, 조금이라도 점수를 더 받으려고 안간힘을 쓰며 점수 올리는 기계처럼 키워 나가는 것을 보면 참으로 안타깝기 그지없습니다. 효율적인 학습법과 과학적인 두뇌개발법은 하루가 다르게 발전하는데, 정작 중요한 인성교육(人性敎育)에는 아무런 관심도 없이 비싼 과외만 시키면 부모로서의 도리를 다했다고 생각하니 참으로 안타까울 따름입니다. 세계 최하위에 속하는 한국인들의 매너, 추태 부리는 부끄러운 우리의 자화상들…. 기본적인 인성교육을 소홀히 한다면 결과가 어떻게 나타날까요?

※ 초달(楚撻) : 훈계하며 지도하는 회초리질

관심(觀心)

크리스마스 이브, 외롭게 성냥을 팔고 있는 소녀가 찬바람이 불어오는 거리에서 몸을 떨며 간절한 목소리로 "성냥 사세요!"를 외쳐댑니다. 하지만 사람들은 무심하게 소녀를 스쳐 지나갑니다.

추위에 떨며 눈 내리는 거리를 돌아다니던 소녀는 부잣집 처마 밑에 쪼그리고 앉습니다. 소녀는 창틈으로 새어 나오는 집안의 웃음소리에 귀를 기울이며 추위와 싸우다가 더 이상 견딜 수 없게 되자 팔다 남은 성냥을 하나씩 켜기 시작합니다.

추위를 견디려고 잠시 켜졌다 금방 꺼지고 마는 성냥을 계속 켜면서 그 작고 짧은 따스함의 행복으로 소녀의 눈이 스르르 감깁니다. 그리고 성냥이 다 타고 없어진 자리에서 소녀는 웅크린 채 숨을 거두고 맙니다.

- "안데르센의 동화" 중에서

동화는 소녀의 애절한 죽음으로 끝을 맺습니다. 그렇다면 소녀의 죽음은 무엇 때문이었을까요?

기상학자는 소녀의 죽음을 이렇게 말했습니다.

"기후 때문입니다. 여름이었다면 죽지 않았을 것입니다."

그러자 지리학자는 이렇게 말했습니다.

"죽음의 원인은 그곳이 추운 곳이었기 때문입니다. 열대지방이었다면 소녀는 절대 죽지 않았을 것입니다."

이에 질세라 교육학자는 이렇게 말했습니다.

"그건 전적으로 부모 탓입니다. 가난하다고 그 추운 겨울밤에 길거리에서 장사를 시켜서야 되겠습니까?"

그러자 경제학자가 끼어들었습니다.

"이건 불합리한 경제제도, 모두가 잘살지 못하는 부익부빈익빈 현상 때문입니다."

백가쟁명(百家爭鳴)이라고 제각각 잘난 체하며 자기 말이 옳다고 떠들어대고 있었습니다.

그때, 한 학생이 소녀의 죽음에 대한 원인을 말했습니다. 그 말을 듣고 있던 학자들은 아무 말도 할 수 없었습니다. 학생은 이렇게 말했습니다.

"우리의 무관심 때문이에요. 소녀에게 조금이라도 관심을 기울였더라면 안타까운 죽음은 없었을 거예요. 다른 무엇을 탓하기 전에 우리 자신을 먼저 돌아봐야 하지 않았을까요?"

'사랑'의 반대말은 미움이 아니라 '무관심'이라고 합니다.

내 탓이오

어느 날, 남편은 자기 아내의 청각(聽覺)을 의심하게 되었습니다. 예전과는 달리 아내가 자기의 말을 잘 알아듣지 못하는 것 같았기 때문입니다. 그래서 남편은 아내 몰래 아내의 청각을 시험해 보기로 했습니다.

그는 방 한쪽 구석에 돌아앉아서 손톱을 손질하고 있는 아내를 보고 반대편 구석에 신문을 펴고 앉아서 작은 소리로 아내를 향해서 말했습니다.

"여보, 내 말 들려?"

그러나 아내에게서는 아무런 반응이 없었습니다. 그는 좀 더 가까이 가서 물어보았습니다.

"여보, 내 말 안 들려?"

그런데도 아내는 아무 대꾸도 없었습니다.

자기가 무시당한 것 같은 생각이 든 남편은 아내의 등 뒤로 바싹 다가가서 다소 짜증 섞인 음성으로 말했습니다.

"여보, 내 말이 말 같지 않아?"

그러자 뜻밖에도 아내는 도리어 귀찮다는 듯이 볼멘소리로 이렇게 대답했습니다.

"왜 자꾸 물어봐요? 벌써 세 번이나 똑같이 대답을 했는데! 적반하장이라더니, 성질은 내가 내게 생겼구만."

남편은 자신이 청각장애가 있다는 사실을 모르고 애꿎은 부인을 나무랐던 것입니다. 내 탓이 아니라 아내의 탓으로 착각한 것이지요.

사실 우리도 이런 잘못을 범할 때가 너무나 많지 않을까요? 친분이 있는 대인관계나 특히 가족관계에 있어서도. 뿐만 아니라 하나님과 우리의 관계에서도 이런 우(愚)를 범하고 있지는 않은지 한 번쯤 자신을 돌아봐야 하지 않을까요?

욕심(慾心) 1

아프리카 흑인들은 원숭이의 탐욕(貪慾)을 이용해서 원숭이를 잡는다고 합니다.

먼저 큰 야자열매를 따서 한쪽 끝부분을 잘라내고 원숭이의 손 하나가 겨우 들어갈 만한 구멍을 만듭니다. 그리고 그 속에 원숭이가 좋아하는 음식을 넣어서 나무에 단단히 매달아 놓는 것입니다. 이때 근처에 사는 원숭이가 야자열매 속에 있는 음식을 먹기 위하여 자기 손을 야자열매 속으로 밀어 넣습니다. 원숭이는 야자열매 속에 있는 음식을 될 수 있는 대로 많이 움켜쥔 채로 손을 빼내려고 하지만 좁은 야자열매 구멍은 좀처럼 빠져나오기 힘듭니다. 그런데도 원숭이는 움켜쥔 손을 절대로 펴지 않는다는 것입니다. 때로는 야자열매 구멍과 몇 시간씩 실랑이를 하면서도 움켜쥔 손을 절대로 펴지 않고 탈진할 때까지 안간힘을 쏟습니다. 이때 사람들은 간단히 원숭이를 포획(捕獲)하는 것입니다. 어리석은 원숭이는 자신이 잡혀갈 위험에 직면하면서까지 그 얼마 안 되는 음식을 취하려고 목숨과 바꾸는 바보 같은 짓을 하고 있는 것이지요.

마찬가지로 물질에 대한 욕심 때문에 자기의 인생을 망쳐버린 사람들도 부지기수(不知其數)입니다. 매일 뉴스에는 이런 사람들의 온갖 부정행위나 어리석은 행각들이 들춰져서 세상 사람들의 비난과 손가락질을 받는 장면들이 단골 메뉴로 나오고 있습니다.

뿐만 아니라 역사적(성경)으로 볼 때에도 이런 일은 헤아릴 수가 없이 많습니다. 예컨대, 발람 선지자는 뇌물에 눈이 어두워 타락한 선지자가 되어 버렸고, 아간이란 사람도 물질을 탐했다가 그 가족까지 멸망을 당하였으며, 아나니아와 삽비라도 작은 것에 욕심을 부리다가 자기 생명을 대신 내주는 비참한 결과를 초래했습니다. "소탐대실(小貪大失)"이라는 경구(警句)도 다 그래서 생겨난 것이겠지요.

결과를 놓고 보면 어리석은 원숭이나 먹이사슬에 얽매어 부정한 돈을 밝히고 그 함정에서 빠져나오지 못하는 사람들 모두 결국 욕심이라는 올무에 묶인 것에 다름없습니다. 그 높은 자리에 오르기까지 얼마나 많은 노력과 힘든 싸움이 있었을까요? "견물생심(見物生心)"이라고, 미끼에 독이 발라져 있는 것을 모르지 않겠지만 '설마?'라는 유혹에 빠져 평생을 바쳐 어렵게 이룩한 성공이 한순간에 무너지는 것입니다.

욕심(慾心) 2

한 젊은 사업가가 장미화원을 잘 가꾼 집을 방문하게 되었습니다. 집 주인은 그 사업가를 자기의 장미화원으로 데리고 나가 백장미와 흑장미 등 온갖 장미들을 자랑스럽게 구경시켜 주었습니다.

그런 다음, 주인은 장미꽃들을 사정없이 꺾어 버리기 시작했습니다. 몇 개의 덩굴은 꽃 한 송이만 남겨 두고 모두 가지를 쳐버리기도 했습니다. 사업가는 깜짝 놀라 주인에게 물었습니다.

"아니, 왜 가지를 모조리 꺾어 버리십니까?"

그러자 주인이 웃으면서 다음과 같이 대답했습니다.

"좋은 장미꽃을 피우기 위해서는 이렇게 가지를 쳐내야 합니다."

사업가는 도대체 이해할 수 없다는 표정을 지으며 다시 물었습니다.

"이렇게 다 잘라 버리면 큰 손해를 보는 것 아닙니까?"

이에 주인은 자신감 넘치는 표정을 지으며 말했습니다.

"내가 가지를 쳐서 손해 보는 것은 하나도 없습니다."

하지만 사업가는 아무리 생각해 봐도 주인의 말을 이해할 수 없었습니다.

"아니, 이렇게 다 잘라 버리는데 잃는 것이 없다고요? 그 이유가 무엇인가요?"

사업가의 질문에 주인이 대답했습니다.

"오히려 이렇게 잘라 주어야 더 탐스러운 꽃들이 피기 때문입니다."

"가지를 잘라내도 잃을 것이 없다"는 말에 깨달음을 얻은 그는 그날부터 나누어 주는 일에 열과 성을 다했고, 점점 더 큰 사업체를 갖게 되어 나중에는 미국의 대재벌이 되었습니다. 이 사업가가 바로 워너 메이커입니다. 희생과 헌신을 각오하고 모든 물질적 소유욕에서 벗어나는 깨달음을 실천에 옮김으로 더 큰 성공을 거둔 것입니다.

포도를 비롯하여, 사과, 배, 복숭아 등을 재배하는 과수원에 가보면 가지치기, 꽃 따주기 등을 열심히 하는 모습을 볼 수 있습니다. 농사를 잘 모르는 우리가 볼 때는 아까운 꽃들을 따 없애고, 가지를 잘라내는 모습이 이해가 되지 않지만, 그렇게 하지 않으면 열매가 굵게 자라지 못하고 수확량도 훨씬 줄어든다는 사실을 나중에 알게 됩니다.

우리의 삶도 마찬가지입니다. 작은 것을 버려야 나중에 더 큰 것을 얻을 수 있는 것입니다.

선생님

경호는 나쁜 시력 때문에 늘 앞자리에 앉아서 수업을 들었습니다. 그런데 오늘은 선생님과 눈이 마주칠 때마다 고개를 숙였습니다. 그리고 얼굴이 점점 빨개지는 것이었습니다. 그러자 선생님이 교과서 지문을 읽으면서 천천히 경호 곁으로 걸어오셨습니다.

"왜 이렇게 땀을 흘리니? 너 어디 아프니?"

선생님의 질문에 경호는 아무 대꾸도 없이 얼굴만 붉히고 있었습니다.

선생님은 교탁으로 걸어가더니 책상 위에 있던 물컵을 들고 다시 경호 책상쪽으로 와서 물컵을 책상 위에 올려놓은 뒤 그 책상 귀퉁이에 살짝 걸터앉으셨습니다. 교과서 지문 읽던 것을 마저 읽고 일어서는 순간, 책상이 흔들리며 물이 쏟아져 순식간에 경호의 바지가 젖어버렸습니다.

"이런! 이거 미안해서 어떡하지? 자, 이걸로 닦으렴."

선생님은 자기 손수건을 경호에게 건네며 바지를 닦으라고 하셨습니다.

잠시 후, 수업이 끝나자 경호는 젖은 바지를 손으로 터는 시늉을 하면서 교실 문을 나가며 힐끗 선생님을 바라보니 선생님이 웃으시며 손을 흔드시는 것이었습니다. 경호도 밝게 웃으며 답례의 눈짓을 대신했습니다.

　나중에 안 일이지만 경호에게는 빈뇨증(頻尿症)이라는 병이 있었습니다. 갑자기 소변이 마려우면 참지 못하고 바지에 조금씩 싸야 하는 어려움을 겪는 고약한 병이 있었던 것입니다. 선생님은 첫 번째 지문을 읽고 있을 때 경호의 바지가 젖어 있음을 보았고, 다른 아이들이 눈치채지 못하게 순간적인 지혜를 발휘하여 사랑하는 제자를 어려움에서 구해 주었던 것입니다. 만약 선생님의 그런 배려가 없었다면 경호는 두고두고 친구들에게 놀림감이 되었을 것이고, 수치심 때문에 마음에 큰 상처를 안게 되었을 것입니다. 선생님은 사랑의 실천은 꼭 크고 거창한 것이 아니라는 사실을 행동으로 보여 준 것입니다.

양심(良心)

늦은 저녁, 최 권사는 모처럼 찾아온 동생들 내외를 대접하기 위하여 닭고기를 사러 가까운 정육점에 들렀습니다. 정육점 주인은 하루 일과를 다 마치고 문 닫을 준비를 하고 있었습니다. 그 모습을 보면서 최 권사는 미안한 표정을 지으며 주인에게 말했습니다.

"늦게 와서 죄송하지만 닭고기가 필요해서 그런데 지금 살 수 있을까요?"

그러자 주인이 대답했습니다.

"물론입니다. 잠시만 기다리세요."

주인은 냉장고 문을 열고 안을 들여다보며 마지막 남은 닭 한 마리를 들고 돌아왔습니다. 닭을 저울에 올려놓자 바늘은 3kg를 가리켰습니다. 그러자 최 권사가 닭을 잠시 바라보더니 이렇게 말했습니다.

"그보다 조금 더 큰 닭으로 줄 수는 없을까요?"

정육점 주인은 알겠다는 듯이 그 닭을 들고서 다시 냉장고로 돌아갔습니다.

주인은 냉장고 문을 열어서 그 닭을 집어넣고 다른 닭을 꺼내는 척하면서 아까 그 닭을 다시 들고 와서 저울에 올려놓았습니다. 그런데 이번에는 4kg이 좀 넘는 것이었습니다. 정육점 주인이 최 권사 몰래 손가락으로 살짝 저울을 누르면서 무게를 달았기 때문입니다. 그러자 저울을 보고 최 권사가 말했습니다.

"좋아요. 그걸로 주세요."

최 권사가 돈을 지불하고 가게를 나서다 말고 갑자기 뒤를 돌아보며 주인에게 말했습니다.

"아무래도 이것 가지고는 조금 부족할 것 같네요. 그러니 조금 전에 보여 주었던 닭도 같이 주세요."

"…."

최 권사의 말을 듣고 주인은 당황하여 아무 대답도 할 수 없었습니다.

반석(盤石)

일본 도쿄(東京)에 가면 "임페리얼 호텔(Imperial Hotel)" 또는 "데이고쿠(帝國) 호텔"이라고 불리는 유명한 일류 호텔이 있습니다. 이 호텔은 미국의 건축가 프랭크 로이드 라이트에 의해서 세워진 건축물입니다. 그가 이 호텔을 짓는 데는 4년이 걸렸는데 그중 무려 2년을 오로지 기초공사를 하는 데 소비한 것으로도 유명합니다. 당시 언론과 건축전문가들은 라이트를 비난하며 주눅이 들게 했습니다.

"왜 기초공사를 하는 데 쓸데없이 많은 시간과 비용을 들이느냐?"

그러나 그는 그런 비난과 볼멘소리를 묵묵히 이겨내며 기초 쌓기를 계속했습니다.

그렇게 4년이 흐른 후, 데이고쿠 호텔은 완성이 되었으나 그가 지은 호텔은 돈과 시간을 지나치게 많이 들인 건축물로 낙인이 찍히고 조롱거리가 되었습니다. 이런 조롱과 비난은 '실패 사례'로 한동안 인용되는 수모까지 감수해야 했습니다.

그로부터 몇 년 후 '동경대지진'이 발생했습니다. 당시의 이 재앙은 일본 역사상 가장 큰 자연재해로서 동경(東京)의 3분의 2가 파괴되었고, 수십만 명이 목숨을 잃거나 심하게 다친 전대미문의 대재앙이었습니다. 그런 엄청난 지진 가운데서도 데이고쿠 호텔만은 끄떡없이 안전했고, 피해는 고작 유리창 다섯 개의 파손에 불과했다고 합니다. 이것은 건물의 기초가 그만큼 튼튼하고 안전했다는 것을 증명하는 것입니다. 그후 라이트는 건축가로서 신화적이며 전설적인 인물로 전해지고 있습니다.

크던 작던 건축물을 지을 때는 반드시 기초공사를 하고 난 뒤에 기둥을 세우고 서까래를 얹고, 각종 세부공사에 들어갑니다. 하지만 이때 눈에 잘 보이지 않는 기초공사를 부실하게 한다면 그 결과가 어떻게 된다는 것을 너무나 잘 알고 있으면서도 사람들은 "쉽고 빠르게!"를 내세우며 편법 부실공사를 다반사로 해치웁니다.

세상의 모든 것은 움직이는 것들입니다. 하지만 우리 예수님은 반석이 되어서 흔들리지 않습니다. 예수 그리스도 위에 세워진 집은 그 어떤 환난 속에서도 흔들리지 않습니다. 주님이 우리의 피난처가 되셔서 우리를 굳세게 붙들어 주시기 때문입니다.

기초가 튼튼해야 흔들리지 않는 것은 신앙생활도 다를 게 없습니다. 그러므로 우리는 반석이신 주님을 기초로 삼아 신앙과 인생을 건축하고 완성하며 살아야 하겠습니다.

알바트로스

이문열의 소설 중 『추락하는 것은 날개가 있다』라는 작품이 있습니다. 또 희랍신화에 나오는 이카루스는 하늘 끝까지 날 수 있는 큰 날개와 힘을 가지고 있어서 지금의 기준으로 하자면 알바트로스, 즉 신천옹(信天翁)에 해당할 것으로 추정됩니다. 신천옹은 그 넓디넓은 태평양을 단 한 번도 쉬지 않고 횡단할 수 있는, 참으로 대단한 날개와 힘을 가진 새입니다.

그래서 골프에서는 숏홀(파3홀)에서 단 한 번에 볼을 홀에 넣는 것을 '홀인원'이라 하고, 미들홀(파4홀)이나 롱홀(파5홀)에서 1타를 적게 쳐서 홀에 넣는 것을 '버디'라 하고, 2타 적게 치면 '이글'이라 하며, 롱홀에서 3타 적게 치면 '알바트로스'라고 합니다. 전 세계 수천만 골퍼 중 1년에 2-3개 나올까 말까 하는 대단한 기록인 것입니다.

알바트로스보다 더 크고 힘이 센 이카루스가 아폴로(태양신)를 만나기 위해서 하늘 높이 날아오르다 추락하는 비운을 맞습니다. 그것은 그의 날개가 밀납(蜜蠟)으로 만들어졌기 때문에 태양에 가까울수록 태양열로 인하여 밀납이 녹아 내렸기 때문입니다. 굳이 비유한다면 '스데반의 사건'에서 유사성을 발견할 수 있을 것 같습니다.

날개가 없었다면 처음부터 날 생각도 않았을 것입니다. 날아올랐다는 것은 날개가 있다는 것이지요. 그러나 날개가 있었기 때문에 날 수 있었고, 날았기 때문에 결국은 추락하게 되었다는 것이 삼단논법적 사고이고, 그것이 원인이고 결과인 것입니다. 그러므로 무리한 날갯짓이 위험일 수도 있으나 날려는 시도조차 하지 않는다면 새 중의 오리처럼 되고 말 것입니다.

'우리가 이카루스적 사고로 세상을 살아갈 것인가? 아니면 오리와 같은 사고로 세상을 살아갈 것인가?' 한 번쯤 생각해 보는 것도 결코 헛된 일이 아니라고 생각됩니다.

우리도 알바트로스처럼 멀리, 그리고 오래 날 수 있는 날개에 힘을 길러야 하겠습니다.

카이로스

　이탈리아 트리노 박물관에는 재미있는 조각상이 있는데, 그 모습이 사람 같기도 하고 짐승 같기도 합니다. 그 조각은 앞머리는 숱이 무성하고 뒷머리는 대머리입니다. 그리고 양 발 뒤꿈치에는 작은 날개가 달려 있습니다. 사람들은 이 기괴한 조각상을 별 관심 없이 지나치지만, 관찰력이 있는 사람이 그 조각상을 찬찬히 보고 있노라면 자기도 모르게 고개를 끄덕이며 곧 숙연해집니다. 그것은 이 조각상에 이런 글귀가 적혀 있기 때문입니다.

　"앞머리가 무성한 이유는 사람들로 하여금 내가 누구인지 금방 알아차리지 못하게 하기 위함이며, 또한 나를 발견했을 때는 쉽게 붙잡을 수 있도록 하기 위함이고, 뒷머리가 대머리인 이유는 내가 지나가고 나면 다시는 나를 붙잡지 못하도록 하기 위함이며, 발에 날개가 달린 이유는 최대한 빨리 사라지기 위해서이다."

　"금방 알아차릴 수는 없으나 발견하면 쉽게 붙잡을 수도 있다. 그러나 지나치면 다시는 붙잡지 못하게 최대한 빨리 사라지는 것은 과연 무엇일까?"

그것은 바로 '기회'입니다.

그리스 신화에 나오는 이 조각상은 제우스의 아들인 카이로스입니다. 그는 기회(機會)의 신입니다. 앞에서는 누구나 쉽게 머리털을 움켜쥘 수 있지만, 바람처럼 한 번 지나치면 뒤에서는 잡아챌 머리털이 없는 것입니다. "기회는 돌이킬 수 없다"는 뜻이 이 조각상에 담겨 있는 것입니다.

조각상의 손을 살펴보면 한 손에는 저울을 들고 있고, 다른 한 손에는 날카로운 칼을 들고 있습니다. 기회가 앞에 있을 때는 저울을 꺼내 분별하고, 칼같이 결단을 내려야 하는 것입니다.

카이로스의 발 뒤꿈치에 날개가 있는데 이것은 늘 달아날 준비를 하고 있는 것입니다. 그렇기 때문에 기회를 놓치지 않도록 늘 정신을 바짝 차리고 있어야 하는 것입니다.

친구(親舊) 1

게이츄는 일본 메이지(明治) 시대의 명망 높은 대사(大師)였습니다. 그에게는 절친한 친구가 한 명 있었습니다.

어느 날, 교토(京都)의 총독이 찾아와서 동자승(童子僧)을 통해 "교토총독 기타가키"라고 적힌 명함을 게이츄 대사에게 보냈습니다. '내가 찾아왔다'는 것을 알리는 것이지요. 자기가 부리는 동자승의 명함을 건네받은 대사는 이렇게 말했습니다.

"거 참 이상하군. 내 친구 중에는 총독이 없는데 말이야."

그러면서 명함을 그 사람에게 다시 돌려 주라고 했습니다.

동자승은 다시 손님에게 가서 명함을 돌려 주며 이렇게 말했습니다.

"대사님께서는 총독을 친구로 두신 적이 없다고 하십니다. 그러니 돌아가 주시지요."

"아니, 이럴 수가 있나? 죽마고우(竹馬故友)를 몰라보다니…."

기타가키 총독은 도저히 이해할 수 없었습니다. 뿐만 아니라 자기를 문전박대하는 대사가 괘씸하기까지 했습니다. 하지만 잠시 생각을 하더니 그제서야 이유를 깨닫고, 명함에서 '교토 총독' 넉 자를 펜으로 지운 후에 동자승에게 명함을 다시 건네며 말했습니다.

"수고스럽지만 다시 한 번 이 명함을 대사님께 전해드려라."

다시 명함을 전해 받은 대사는 직분(職分)이 지워진 명함을 보고 나서야 일어서며 말했습니다.

"오, 누군가 했더니 내 친구 기타가키로군! 어서 들라 해라."

친구를 사귀는 것은 이익이나 명예를 위함이 아니며, 자신을 과시하기 위함도 아님을 이 짧은 일화 속에서도 알 수 있습니다. 친구의 부나 명예는 진실한 사귐의 덕목이 되지 않는 것입니다.

홍대용의 문집 『담헌서』에는 "친구를 사귐은 반드시 진실하고 믿음성이 있어야 한다. 그의 착함을 보면 마음속으로 기뻐하고 따라서 드높여 주어야 하며, 그의 나쁨을 보면 마음속으로 걱정하고 옳은 도리나 이치로서 잘못을 고치도록 충고해야 한다."라고 했습니다.

"반면교사(反面敎師)"라고 했듯이 우리는 교회에서 믿음생활을 하면서 많은 사람과 사귀게 됩니다. 흔히 말하는 "주 안에서 한 형제 자매"가 되기도 하고, 서로가 믿음 안에서 유무상통(有無相通)하며 친구 이상의 진실한 사귐을 갖고자 친교에 힘을 쏟기도 합니다.

하지만 우리의 그 사귐의 진실성이 어느 정도인지 한 번쯤 돌아봐야 할 것입니다.

친구(親舊) 2

세계적으로 유명한 오프라 윈프리는 진정한 친구에 대해 이렇게 말했습니다.

"제가 유명하다 보니 제 리무진을 함께 타려는 사람은 엄청 많아요. 하지만 리무진이 고장났을 때 저랑 같이 버스를 타겠다는 사람은 친구뿐이죠."

미국의 인생 상담 전문가 도미니크 베르톨루치는 아래와 같은 친구들이 있어야 든든하다고 말합니다.

첫째, 당신보다 세상 물정과 유행에 더 밝은 친구.
이런 친구는 당신의 눈을 뜨게 도와준다. 틀에 박힌 생활에서 벗어나게 해 준다. 그냥 지나칠 수도 있는 것들을 알게 해 당신의 삶을 살지게 한다.
둘째, 언제든지 주저하지 않고 전화를 걸 수 있는 친구.
예고 없이 갑자기 계획을 바꿔도 군소리 없이 받아 주는 친구가 있어야 한다.

셋째, 당신이 본받고 싶은 친구.

　　　최상의 당신이 될 수 있도록 도전의식을 북돋우고 모범이
　　　되어 주는 친구가 당신의 강점과 약점에 모두 보탬이 된다.

넷째, 꾸밈없는 솔직한 친구.

　　　듣고 싶은 이야기만 하지 않는, 적어도 달콤하게 꾸며 말하
　　　지 않는, 곧이곧대로 말해 주는 친구를 사귀어야 한다. 당신
　　　이 책임져야 할 위기에 봉착했거나 긴급한 결정을 내려야
　　　할 때 찾아갈 수 있는 사람이어야 한다.

다섯, 당신보다 당신을 더 잘 아는 친구.

　　　여드름이 난 얼굴에 벙거지 머리를 하고 돌아다니던 시절
　　　친구가 필요하다. 자신 있는 척 허세를 부릴 필요가 없는 친
　　　구, 당신 집처럼 무조건 당신을 받아 주는 오랜 친구가 있어
　　　야 행복하다.

"내가 바뀌면 따라 바뀌고, 고개를 끄덕이면 같이 끄덕이는 친구는
필요 없다. 그건 내 그림자가 훨씬 더 잘한다."(프루타크, 그리스 철학자)
"친구란 다른 사람들은 다 가버리는데 거꾸로 나를 향해 들어오는
사람이다."(월터 윈첼, 미국 언론인)

친구는 당신을 속속들이 다 알면서도 당신을 좋아해 주는 사람입니다. 당신을 위해 자기 일정표에서 시간을 내주는 사람이 아니라 아예 일정표를 들여다보지 않고 당신 시간부터 물어보는 사람, 그가 진정한 친구라 할 수 있습니다.

결론적으로, 이런 친구를 둔 사람은 성공한 그리고 행복한 사람임에 틀림없습니다. 그러나 이런 친구를 사귀는 일은 참으로 어렵습니다. 그러므로 세상살이가 결코 호락호락하지 않은 것이지요.

구원(救援)

교회학교 선생님이 성경공부 시간에 자기가 가르치는 반 아이들에게 이렇게 물었습니다.

"여러분, 선생님이 구원을 얻으려면 어떻게 해야 할까요? 선생님의 집도 팔고, 차도 팔고, 모든 것을 다 팔아서 하나님께 헌금을 바치면 선생님이 구원을 받을 수 있을까요?"

"아~아니요!"

아이들은 한 목소리로 크게 대답했습니다. 선생님은 '믿음으로만 구원을 얻을 수 있다'는 사실을 아이들이 쉽게 이해하고 오래 기억하도록 하기 위하여 자기를 예로 들었던 것입니다

"그렇다면 선생님이 모든 일을 다 그만두고 교회에 와서 쓰레기를 치우고, 화장실 청소를 열심히 하면 구원을 받을 수 있을까요?"

"아~아니요!"

아이들이 대답했습니다. 아이들의 반응을 보고 흐뭇해 하던 선생님은 마지막으로 물었습니다.

"그렇다면 선생님은 어떻게 해야 구원을 얻을 수 있을까요? 아는 사람 손 들어봐요."

그러자 여기저기서 큰 소리로 "저요, 저요!"를 외치며 제각각 손

을 들었습니다. 선생님은 유난히 큰소리로 외쳐대는 준서에게 발언권을 주었습니다.

"선생님이 구원을 받기 위해서는 선생님이 먼저 죽으셔야 해요."

준서는 엉뚱한 대답을 하며 진지한 표정으로 선생님과 친구들을 번갈아가며 쳐다보는 것이었습니다. 예상치 못한 돌발상황에 잠시 공황상태에 빠졌던 선생님은 한참만에야 정신을 차리고 이렇게 말했습니다.

"그래, 네 말이 맞다. 내가 죽지 않고는 구원을 받을 수 없는 것이지."

어린 아이의 엉뚱한 대답이었지만 그 말에 반박할 수 없는 찔림이 있었기 때문입니다.

우리가 구원을 받기 위해서는 세상에 대해서 죽고, 죄에 대해서 죽고, 육신에 대해서도 죽어야 합니다. 그래야 하나님에 대해서 살고, 의에 대해서 살며, 영에 대해서 살 수 있는 것입니다. 그러나 사람들은 한결같이 구원은 간절히 바라면서도 자기의 개성이나 습관, 자기의 아집이나 자존심 등을 간직한 채 그런 것들을 내려놓거나 내어 주는 데 주저하거나 버리려 하지 않습니다. 습관이 바뀌면 인생이 바뀐다고 했듯이 평소의 습관이 인생 자체를 지배하고 있기 때문입니다.

비워야 채워집니다. 낮은 자리로 내려가야 높이 올려집니다. 움켜쥐기만 하면 더 크고 더 좋은 것을 잡을 수 없습니다. 쥐었던 작은 것들을 내려놓고, 마음에 도사리고 있는 작은 욕심들을 버려야 주님이 주시는 값지고 소중한 것들을 받을 수 있고, 빈자리를 가득 채울 수 있을 것입니다. 그러므로 성경에도 "사람이 마음으로 믿어 의에 이르고 입으로 시인하여 구원에 이른다(롬 10:10)."고 기록하고 있습니다.

정성(精誠)

어느 날, 왕이 잔치를 벌이다 취중에 실수로 그만 아끼던 찻잔을 떨어뜨려 산산조각이 나고 말았습니다. 잔치의 분위기는 순식간에 공포와 두려움으로 싸늘하게 식었고 신하들은 어찌할 바를 몰라서 허둥대고 있었습니다.

잘못은 자기에게 있으면서도 화를 참지 못한 왕은 전국에 있는 유명한 도공(陶工)들을 불러들여 엄명을 내렸습니다.

"1년 기한을 줄 터이니 깨어진 찻잔과 똑같은 찻잔으로 원상 복구하라. 만약 그렇지 않을 시엔 큰 벌을 내리겠다."

최종적으로 선택 받은 도공은 걱정과 불안으로 잠을 못 이룰 정도로 신경이 쇠약해졌습니다. 자신의 기술로는 그 깨진 찻잔을 원상복구 할 수도 없고, 자신도 없어서 더욱 초조하고 불안했습니다.

몇 날을 자지도 못하고, 먹지도 못하고 있다는 소문을 듣고 오래전에 은퇴하신 노스승께서 그 도공을 찾아왔습니다. 자초지종 설명을 들은 스승은 그 깨어진 찻잔을 살펴보더니 고개를 설레설레 저으면서 "이건 도저히 안 되겠네." 하시는 것이었습니다. 그가 여러 위로의 말을 하며 일어서다가 한마디 했습니다.

"하늘이 무너져도 솟아날 구멍은 있는 법이니 너무 상심만 말고 더 방법을 찾아보세."

스승을 배웅한 후, 도공은 일말의 희망을 안고 작업실에 틀어박혀 주야로 찻잔의 원상복구를 위해 머리를 싸매고 고민을 거듭했으나 기한 만료일인 1년이 다 되었는데도 이렇다 할 성과가 없었습니다. 게다가 스승마저 소식이 두절된 상태여서 절망에 빠지게 되었습니다.

결국 왕의 명령을 지키지 못한 도공은 형장으로 끌려가게 되었습니다. 망나니가 칼춤을 추며 그의 목을 치려는 순간, 어디선가 "잠깐!" 하고 외치는 소리가 들렸습니다. 바로 도공이 그처럼 애타게 기다리던 노스승이었습니다. 그의 손에는 찻잔이 들려 있었습니다. 왕에게 전달된 그 찻잔은 왕을 흡족케 하여 도공은 목숨을 건지게 되었습니다.

감격과 감사와 기쁨으로 눈물을 흘리던 도공이 물었습니다.

"스승님, 어떻게 이런 명품을…."

이에 노스승이 대답했습니다.

"나에게 특별한 능력이 있는 것이 아닐세. 자네와 다름없이 나도 진흙과 물을 반죽하여 굽고 식히는 것이 똑같지. 다만 나는 내 모든 혼과 정성을 하나도 남김없이 이 도자기에 불어넣었다네. 지성이면 감천이거든."

접붙임

6 · 25가 한창이던 시절, 필자는 잠시 시골에서 초등학교를 다닌 적이 있었습니다. 짧은 시간이었지만 지금도 아름다운 추억이 많이 남아 있습니다.

도시에서 유년시절을 보낸 필자에게 농촌생활은 참으로 신기하고도 경이로운 일들의 연속이었습니다. 특히 필자를 사로잡았던 놀라움 중에 '접붙임'은 궁금증과 탐구심을 유발시켰고, 특별한 관심과 열심으로 실습에도 적극성을 보였던 기억이 생생합니다.

보잘것없는 열등(劣等) 감나무 묘목에 단감이나 장두감(꾸리감) 나무 순을 접붙임하면 신기하게도 그 나무는 원하는 우량 대봉시 나무로 바뀌었습니다. 마찬가지로 찔레꽃 나무에 장미 순을 접붙임하면 아름다운 장미로, 쓸모없던 돌배 나무가 신고배 나무로, 개복숭아는 맛있는 황도복숭아로 새롭게 태어나는 것이었습니다.

이 경이로운 '접붙임의 원리'는 식물뿐만이 아니라 바로 우리의 인간관계나 신앙생활에서도 그대로 적용이 됩니다. 이 사실을 확인하면서 하나님의 능력과 섭리가 얼마나 경이롭고 위대한가를 새삼 깨닫게 됩니다. 그러기에 이에 대해 성경에서도 이렇게 기술하고 있습니다.

"돌 감람나무인 네가 그들 중에 접붙임되어 참 감람나무 뿌리의
진액을 함께 받는 자 되었은즉(롬 11:17)."
"형제가 연합하여 동거함이 어찌 그리 선하고 아름다운고
(시 133:1)."

접붙임의 결과는 새롭고 아름답게, 튼실하고 건강하게 기적을
연출합니다.

키노의 진주

미국의 노벨문학상 작가인 존 스타인백의 중편소설 중 『진주』라는 소설이 있습니다.

주인공 키노와 그의 아내 조안나는 물고기를 잡으면서 오손도손 행복을 일구며 살아가는 소박한 어부였습니다. 그들은 물고기를 잡는 틈틈이 바닷속 깊은 곳에서 진주를 채취하기도 했습니다. 운이 좋은 날은 물고기를 잡는 것보다 훨씬 소득이 높은 진주를 건져 올릴 때도 있었기 때문입니다.

그러던 어느 날, 이들 부부는 보기 드문 큰 진주를 건져 올리게 되었습니다. 너무 기쁜 나머지 이들 부부는 동료 어부들과 마을 사람들에게 자기들이 건져 올린 커다란 진주를 자랑스럽게 흔들면서 의기양양하게 집으로 돌아왔습니다. 이들 부부는 '이제는 모든 가난이 끝나고 행복한 삶만 남았다.'고 좋아했습니다.

그러나 그것은 큰 착각이었습니다. '고생 끝 행복 시작'이 아니라 그 반대가 그들을 기다리고 있었던 것입니다.

그들이 크고 비싼 진주를 찾았다는 소문은 삽시간에 온 동네에 번져나갔고, 키노의 오두막집은 그 진주를 구경하려고 기웃거리는 사람들로 조용할 날이 없었습니다.

이들 부부는 사람들로 인해 스트레스가 쌓여가고, 오랜 바다생활로 지친 육체가 긴장도 풀려서 병이 되어 병원 신세를 지게 되었습니다. 그런데 이들 부부의 아들이 전갈에 물려 고통 받을 때 도움을 요청했음에도 코빼기도 안 보이던 의사가 이들 부부를 반갑게 맞이하며 과잉 친절을 베푸는 것이었습니다. 그 의사는 요구하지 않았음에도 키노의 오두막집을 찾아오곤 했습니다. 나중에 알고 보니 병을 낫게 치료하는 것이 아니라 병이 더 오래 가도록 처방하는 것이었습니다. 의사는 그들이 가지고 있는 진주가 탐이 났던 것입니다.

뿐만 아니라 소문을 듣고 도회지 장사꾼들은 그 진주를 헐값에 사기 위하여 온갖 술수를 부리다가 뜻대로 안 되자 폭력배를 동원해서 협박을 하고, 밤중에는 강도까지 침입해서 격투를 벌이게도 됩니다.

갑자기 얻은 횡재로 '고생 끝 행복 시작'이라고 좋아했던 이들 부부는 자기들에게 찾아온 이 행운이 행운이 아니라 고통이고 불운이 되고 있음을 차츰 실감하게 됩니다. 우연히 찾아온 기회가 그들의 삶을 행복하게 해 주기는커녕 불행의 소용돌이 속으로 몰아넣고 있음을 깨닫게 된 것입니다. 진주 때문에 날마다 불안과 공포에 떨고 있던 이들 부부는 결국 그 진주를 깊은 바닷속으로 던져버렸습니다. 마음속의 미련과 함께.

크리스천

　'예수를 구주로 믿고 그를 시인하는 자'를 우리는 "크리스천"이라고 부릅니다. 평생을 주의 일에 헌신하고 봉사하며 그 도를 따르며 실천하는 독실한 성도를 가리켜 "크리스천(christian)"이라고 하지만, 주말 성도나 드문드문 형편에 따라 적당히 믿음생활하는 사람들 역시 "크리스천"이라고 부릅니다. 무늬만 크리스천이 아닌 진정 주님을 사모하고 따르는 참 크리스천은 어떤 사람이어야 할까요?

　인도의 썬다 싱은 그의 저서 『히말라야의 눈꽃』에서 이렇게 말하고 있습니다.

> 크리스천이 된다는 것은 의(義) 사모하기를 목말라하고 청결하게 사는 일일 뿐이다. 청빈(淸貧), 즉 마음이 가난한 자만이 하나님의 사랑 안에 거할 수 있다. 예수님의 삶이 그랬기 때문이다.
>
> '네가 가진 것을 다 팔아서 가난한 사람들에게 나누어 주어라.'
>
> 바로 주님이 하신 말씀이다. 무소유(無所有). 전대(錢袋)을 차고 어떻게 갈보리 언덕을 넘을 수 있으랴.

다 내다 팔아야 한다. 그리고 퍼내 주어야 한다. 일체를 내놓아야 일체를 받을 수 있다.

권리도 내어놓고, 직분도 내어놓아야 한다. 그리스도의 교리는 직분이다. 존재의 회복이다. 다시 태어남이다.

진리로 해방된 자들이 겸손히 내려앉은 그들의 낮은 자리, 질퍽질퍽한 그 자리에서 곰배팔이, 소경, 절름발이, 애통하는 자, 학대 받는 자들과 함께 자아선언(自我宣言)을 하는 것이다.

하나님의 법을 오금저리듯 두려워하는 자, 누구라도 병들고 허기진 자들의 눈물에서 예수님을 보는 자는 모두 거룩한 자들이다.

기독교는 거룩의 불덩어리를 지니고 전체로 타는 삶이다. 이 불덩어리를 떨어뜨리면 믿는 자는 죽는다. 그러므로 영성(靈性)은 타는 장작이다. 불꽃이다.

희망(希望)

어니스트 헤밍웨이는 노벨 문학상을 수상한 대 문호로서, 그를 모르는 사람은 거의 없을 것입니다. 헤밍웨이는 『노인과 바다』, 『누구를 위하여 종은 울리나』, 『킬리만자로의 눈』 등 주옥 같은 작품들을 많이 남기고, 카리브해를 배경으로 한 아름다운 해변 마을에서 작품활동을 하다가 어느 날 갑자기 권총 자살로 생을 마감했습니다. 지금도 세계 각국의 많은 사람들은 그를 기리기 위해 코히마르 별장을 찾고 있습니다.

그의 대표작이자 노벨 문학상을 수상했던 『노인과 바다』는 오늘날에도 꾸준히 읽히고 있습니다. 그 두꺼운 책에 기록된 내용은 극히 단조로워서 스릴이나 서스펜스, 유머, 혹은 특별한 동정이나 연민(Pathos), 짜릿한 감동은 찾아보기 어렵지만 작품 바닥에 깔린 우정과 삶의 처절함, 인내와 집념 그리고 짙은 인간애가 깔려 있음을 느끼게 됩니다. 바로 이런 것들이 작가가 추구하고 말하려 했던 주제이고 지고(至高)의 가치였던 것 같습니다.

작은 고기잡이 배에서 낚시질로 고기를 잡는 늙은 어부, 그와 우정과 사랑을 나누는 소년 그러나 무엇보다 84일 동안이나 고기 한 마리 잡지 못하고 무료하고 지루한 나날을 보내다가 85일째 되는 날 엄청나게 큰 다랑어를 낚은 후, 4시간 동안이나 사투를 벌이면서 끌려다니다 상어 떼의 습격으로 기름지고 맛 좋은 살코기를 다 뜯기고 뼈만 앙상한 고기를 매달고 돌아오는 그 지치고 실망하고 허탈한 모습에서 노인 어부의 고달픈 삶을 연민하게 됩니다.

이것이 어디 헤밍웨이의 작품에 나오는 늙은 어부만의 일이겠습니까? 세상살이가 다 그렇듯이 보통 사람들의 삶이란 것도 알고 보면 『노인과 바다』의 축소판입니다. 지치고 실망스러운 넋두리를 뇌까리는 노인은 바로 우리들이고, 망망대해 거친 바다는 바로 우리가 살아가고 있는 힘들고 험한 세상입니다. 뼈만 앙상하게 남은 고기는 바로 우리 삶의 잔재들, 즉 소득 없는 허탈, 지치고 낙망한 노인은 우리 인간들의 미래를 의미하는 것 같습니다.

하지만 우리에게 희망이 있는 것은 주님이 우리와 함께하시기 때문입니다. 주님은 거친 바다 험한 세상에서 우리를 건져 주시고, 힘들어 지치고 낙망해 있을 때 손 내밀어 우리를 도와주십니다. 우리는 험하고 거친 세상에서 늙고 병들고 지쳐서 쓰러질 것 같지만 주님은 새 힘을 공급하시고 새 소망과 사랑의 음성으로 우리를 격려하시며 일으키십니다. 우리는 주님이 상어 떼로부터 기름지고 맛 좋은 살코기를 온전히 보호하실 것을 믿습니다.

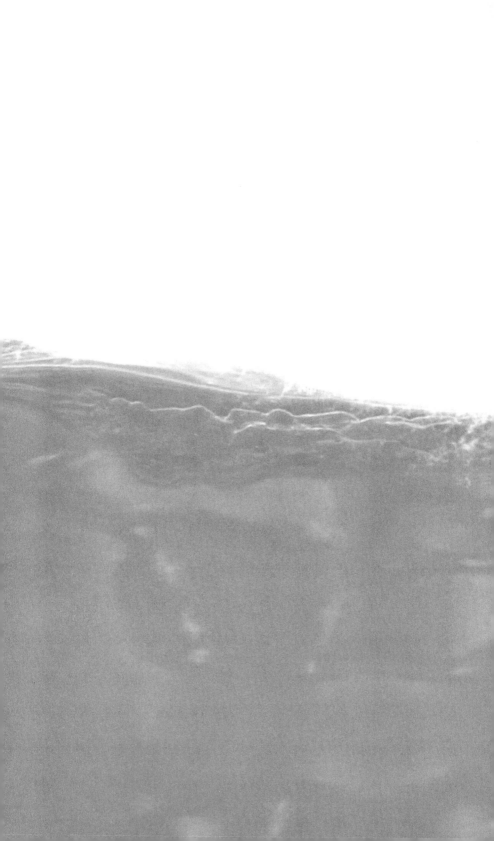

2부

오래 참음

믿음은 바라는 것들의 실상이요 보이지 않는 것들의 증거니 선진들이 이로써 증거를 얻었느니라(히 11:1-2).
Now faith is being sure of what we hope for and certain of what we do not see. This is what the ancients were commended for.

믿음(信仰)

어느 마을에 아주 인정이 많고 자상하신 할머니 한 분이 계셨습니다. 할머니는 나이가 많아 날로 기력이 쇠하고, 하나 있던 자식마저 사고로 인해 먼저 세상을 떠났기 때문에 홀로 지내는 것이 여간 힘들지 않았습니다. 그나마 요즘 들어 자신이 살 날이 얼마 남지 않았다는 것을 절실히 느끼게 되었습니다. 그래서 할머니는 알만한 친척들을 찾아다니며 자신을 좀 맡아 달라고 사정을 해보았으나 모두가 하나 같이 거절을 하는 것이었습니다.

어쩔 수 없이 할머니는 같은 마을에 사는 사람들 가운데 예수님을 잘 믿는 성도들의 집을 찾아 자기가 죽을 때까지만 함께 지내주기를 간곡히 사정해 보았습니다.

할머니는 "내가 나이는 많지만 경제적으로나 건강상으로 그 어떤 부담도 드리지 않겠습니다. 아프면 곧장 병원으로 갈 것이고, 내 생활비는 부담하겠습니다."라고 했으나 그 누구 하나 선뜻 나서지 않았습니다.

열흘이 지나고, 한 달이 가고 석 달이 가고…. 그러던 어느 날, 한 신혼부부가 그 할머니 댁을 찾아와서 이야기를 했습니다.

"할머니, 저희들은 약 한 달 전에 결혼을 하고 저기 있는 ○○아

111

파트에 입주한 사람들인데요, 마침 근처에 교회가 있어서 그곳에서 신앙생활을 막 시작했거든요. 그런데 할머니께서 외로우셔서 함께 기거할 가정을 찾으신다는 소식을 듣고 이렇게 찾아왔어요."

너무 반가운 나머지 할머니는 손주들을 대하듯 그 부부의 손을 덥석 잡으며 무척 기뻐했습니다.

이심전심으로 따뜻한 말과 훈훈한 온기가 교차하고, 사랑으로 친밀해지며 그들은 그렇게 한 가정을 이루어 살게 되었습니다. 할머니는 새 손자들이 생겨서 좋고, 젊은 부부는 친할머니 같은 포근함과 따뜻한 온기 속에서 함께 신앙생활도 하며 잘 지냈습니다.

그럭저럭 세월이 흘러 한 2년이 흐른 어느 날, 그날도 할머니와 함께 은혜로운 가정예배를 마친 후 평안한 잠자리에 들었는데 아침이 되어도 할머니의 기척이 없었습니다. 놀라서 할머니의 방문을 열어보니 할머니는 여전히 주무시는 듯 평안한 모습으로 세상을 떠나신 것이었습니다. 할머니의 머리 맡에는 하얀 편지봉투가 하나 놓여 있었습니다. 그것은 할머니의 유언장이 들어 있는 봉투였습니다. 유언장에는 이런 내용이 적혀 있었습니다.

"그간 정말 고마웠어. 아무도 나를 모른 척했는데 너희들만은 예외였어. 친할머니처럼 대해 준 너희들은 분명 하나님이 보내 주신 천사들이지. 그래서 나도 너희들에게 사랑의 선물을 준비했단다."

그리고 한 가지 부탁할 것이 있으니 꼭 들어 주기 바란다면서 아래와 같이 유언했습니다.

"사랑하는 내 손자 부부야, 여기 내 전 재산을 너희에게 다 맡기니 베풀며, 나누며, 구제에 힘쓰고 이 재산의 절반은 하나님 나라를 확장하는 일에 헌금하기를 바란다. 사랑하고 또 사랑한다…"

오래 참음

어느 토요일, 목사님이 주일예배 설교 준비를 위하여 마음을 가다듬고 경건하게 묵상을 하고 있는데 갑자기 요란한 전화벨 소리가 울렸습니다. 불길한 생각이 머릿속을 스치며 얼른 전화를 받았습니다. 아니나 다를까, 어떤 집사님이 교통사고를 당해 병원 응급실에 실려 갔다는 동료 집사님의 다급한 전화였습니다.

목사님은 모든 일을 제치고 부랴부랴 병원으로 달려갔습니다. 도착해서 집사님을 보니 얼굴에 붕대를 감고 있었습니다. '중상인가?' 하고 걱정을 했는데 생각처럼 큰 부상은 아니라고 했습니다. 안도의 숨을 내쉬며 목사님이 그 집사님의 손을 꼭 잡은 채 한참 기도를 하고 나서 집사님에게 물었습니다.

"집사님, 어떻게 된 겁니까?"

붕대를 감지 않은 한쪽 눈으로 목사님을 바라보던 집사님의 눈에서 눈물이 흘러내리더니 감겨 있는 붕대를 적시기 시작했습니다. 그리고 집사님은 더욱 힘주어 목사님의 손을 잡으면서 가라앉은 목소리로 이렇게 말했습니다.

"목사님, 염려 마세요. 전 괜찮습니다. 하나님께서 오래 참으신 것이지요."

그러면서 집사님은 더욱 슬픈 눈망울로 목사님을 쳐다보는 것이었습니다.

목사님은 집사님의 알 듯 말 듯한 짧은 말속에 담긴 깊은 의미를 알 것 같아 더 이상의 말을 하지 않고 서로 잡은 손에 더욱 힘을 주며 침묵했습니다. "하나님께서 오래 참으신 것이지요."라는 그 집사님의 말속에는 감사와 함께 지난날의 잘못을 회개하고 후회하는 마음이 가득했고, 어쩌면 당연히, 진작에 일어났어야 마땅했을 사고를 통해서 그가 잊고 있었던 과거를 되돌아보게 된 것이 확실한 것 같았습니다.

혹, 이 집사님의 고백이 우리에게도 해당되지 않을까요? 돌이켜 보면 우리에게도 자복하고 회개할 일들이 산적(山積)해 있지는 않을까요? 양털같이 수많은 우리의 죄와 허물을 주님께서는 무던히 참고 인내하시며 용서 받을 기회를 베풀고 계시는 것은 아닐까요? 이미 오래전, 내가 의식하지 못하고 있던 그 죄들을 다 용서해 주시기 위하여 회개의 영을 부어 주시는 것은 아닐까요? 주님의 오래 참으심은 믿는 자들의 특권이고 축복입니다.

인내(忍耐) 1

　세계적인 대 문호 톨스토이가 쓴 동화 가운데 재미있는 이야기가 있습니다.

　어느 시골 마을에 한 농부가 가족과 함께 큰 어려움 없이 오순도순 살아가고 있었습니다. 그런데 하루는 공교롭게도 농부의 닭이 자기 옆집의 혼자 사는 여인의 닭 둥지에 달걀을 낳은 것입니다. 그래서 농부와 여인 사이에 작은 시비가 생겼습니다. 옆집 여인 역시 닭을 몇 마리 기르고 있었기 때문에 그 달걀이 '자기네 것'이라고 주장했기 때문입니다.

　평소 사이가 좋지 않던 농부의 아내와 옆집 여인은 그 달걀이 자기네 것이라며 큰소리가 오가기 시작했고, 삿대질을 하기까지 이르렀습니다. 이를 말리려고 찾아온 농부마저 그 난장판에 끼어들어 다툼이 격해지자 이젠 손찌검을 하고, 머리채를 잡아채고, 수염을 잡아당기는 지경에까지 이르게 되었습니다. 이 다툼은 구경 나온 이웃들에게 서로 자기들의 주장만 큰소리로 외쳐대며 그간에 있었던 여러 비리와 억울함을 호소하기에 이르렀습니다.

　악을 써 대며 포악을 하는 옆집 여인의 고함소리와 수염까지 잡혔던 분노를 참을 수 없어 농부는 홧김에 그 여인의 집에 불을 질렀습니다. 흥분하여 실성할 지경에 이른 옆집 여인은 "저 놈 잡아라!"를 외치며 농부에게 덤벼들었고, 농부는 도망치기에 바빴습니다. 오직 복수심에 불탄 그들은 집에 난 불을 끌 생각은 하지도 않고 쫓고 쫓는 일에만 매달렸습니다.

활활 잘도 타던 불길이 갑자기 불어온 회리바람에 농부의 집으로 번져 순식간에 양쪽 집이 다 불길에 휩싸이게 되었습니다. 농부와 옆집 여인은 졸지에 집은 불 타고, 닭들은 모두 죽고, 건질 것 하나 없는 난민(難民)이 되고 말았습니다. 구경 나온 이웃들마저 손써 볼 수 없는 난장판 때문에 두 집은 잿더미로 변하고 만 것입니다.

싸움은 언제나 지극히 작고 하찮은 것에서부터 시작이 됩니다. 그러나 그 지극히 사소한 일을 참지 못하고 혈기를 부리며 그 알량한 자존심을 내세우느라 서로 다투고 시비합니다. 그래서 사건은 점점 확대되고 나중에는 수습하기 어려운 지경에까지 이르러 그 피해는 말로 표현하기 어렵게 됩니다. 따라서 화를 내기 전에 한번 숨을 들이쉬고 한 발자국 떨어져서 그 상황을 살펴보아야 할 것입니다.

인내(忍耐) 2

"인내는 쓰다. 그러나 그 열매는 달다.", "참는 것이 곧 복이다.", "지는 것이 이기는 것이다." 등 인내의 유익에 대한 충고의 말들이 많이 있습니다. 그러나 막상 사람이 어떤 상황에 닥치면 그런 충고의 말들은 생각나지 않고 직성대로 행동하는 것이 일반적인 현상입니다. 행동한 후에 대다수의 사람들이 '그때 조금만 참을 걸.', '내가 자존심을 조금만 내려놓을 걸.' 하고 후회합니다.

독일 대통령을 지낸 힌덴부르크는 90세가 넘도록 장수한 사람인데 그의 얼굴에서 분노를 본 사람이 단 한 사람도 없었다고 합니다. 그를 오래 섬겼던 비서관까지도 노기를 띤 대통령의 얼굴을 본 기억이 없다고 합니다.

어떤 신문 기자가 힌덴부르크 대통령을 방문하여 그 비결을 물었더니 그는 이렇게 대답했다고 합니다.

"나라고 어찌 화나는 일이 없었겠는가? 그럴 때마다 나는 휘파람을 불어 그 분노를 날려 버리곤 한다네."

그는 화가 나는 일이 있을 때 그것을 어딘가에 표출하는 것이 아니라 참는 방법을 터득하고 몸에 배도록 훈련을 거듭했던 것입니다. 자기를 통제할 수 없으면 그 누구도 대통령인 그를 감히 컨트롤 할 수 없기 때문입니다.

대부분의 사람들은 악인이 잘되는 것을 보면 불평하고 불만을 터트립니다. 공평하지 않다고 생각하기 때문입니다.

일제시대 때 친일파는 잘 먹고 잘살았습니다. 부동산 투기꾼들은 개발시기 때 힘들이지 않고 뭉텅이 돈을 손에 움켜쥐었습니다. 부도덕한 기업가들은 노동력을 착취하고, 탈세와 편법으로 재산을 산더미처럼 불렸습니다. 그들의 자녀들은 힘들이지 않고 유학이다, 기업 승계다 하여 떵떵거리며 잘살고 있습니다. 이런 것을 보고도 마음 편히 곱게 대해 줄 사람이 과연 얼마나 될까요? 그래서 뜻 맞는 사람들끼리 모여서 데모하고, 파업하며, 울분과 분노를 외부로 폭발시킵니다.

그러나 하나님은 악인의 형통을 불평하지 말라고 하셨습니다. 그 이유는 간단합니다. 악인의 결국은 심판과 멸망이기 때문입니다. 하나님은 의인의 길을 형통케 하시고 악인에게는 그 행위에 상응하는 형벌을 예비하셨다고 분명히 말씀하고 계십니다. 그러므로 우리는 기다림으로 인내해야 합니다. 사람은 하나님이 정하신 때와 시기를 알지 못하지만 분냄과 시기는 또 다른 죄악을 범하는 것이기 때문입니다. 우리는 악인의 형통에도 인내하는 훈련을 쌓아야 합니다.

희망의 씨앗

"희망이란 인내(忍耐)하는 기술(技術)이다."라는 말이 있습니다. "뽕나무 잎사귀가 비단(silk)이 되려면 시간과 인내가 필요하다."라는 옛 속담도 있습니다. 또 "천천히 가는 사람이 오래 가고 멀리 간다."고 말하고 있습니다.

한 바이올리니스트가 수준급의 훌륭한 연주자가 되려면 적어도 하루에 12시간씩 20년은 연습해야 한다고 합니다. 그래서 중도에 포기하는 사람들이 생기는 것이지요.

영국의 역사학자 토마스 칼라일은 『프랑스 혁명사』를 두 번 쓴 것으로도 유명합니다. 그는 이 책의 원고를 존 스튜어트 밀에게 한 번 읽어 줄 것을 부탁했는데, 그 집 하녀가 벽난로불을 피우는 불쏘시개로 원고를 사용하는 바람에 재로 변해버린 것을 늦게야 알게 되었습니다. 이때 칼라일의 심정은 어떠했을까요? 공든 탑이 무너지는 절망스런 마음이 아니었을까요?

그러나 그는 절망하거나 포기하지 않았습니다. 칼라일은 벽돌공이 벽돌을 하나씩 쌓는 모습을 보고 감동하여 원고를 다시 쓰기로 했습니다.

조류(鳥類)에 관한 연구로 유명한 미국의 조류학자 오스본은 일생일대 심혈을 기울여 새들의 표본 그림 1천 장을 그렸는데 쥐들이 다 갉아먹어서 모두 망쳐버리고 말았습니다. 하지만 오스본은 수첩과 연필을 가지고 다시 숲으로 들어갔습니다. 그리고 또 그렸습니다.

뿐만 아니라 15년 동안 역경을 이겨내며 기관차를 만들어낸 조지 스티븐슨은 젊은 사람들에게 이렇게 말했습니다.

"내가 한 대로 하시오. 그리고 참으시오!"

"희망을 잃지 않으면 그 자리에는 어떠한 씨를 뿌려도 싹이 튼다"고 합니다. 비범한 사람들, 성공한 사람들의 생애를 관찰해 보면 한 가지 공통점을 발견할 수 있습니다. 그것은 '희망을 갖고 목표에 도달할 때까지 결코 좌절하지 않는 불굴의 정신의 소유자'였다는 것입니다. 모든 성공의 길은 크나 작으나 멀고 험한 것이지만, 이런 불굴의 정신을 가진 사람이라면 그 사람은 이미 절반의 성공을 확보한 것입니다.

마찬가지로 우리가 믿음생활을 하는 데 있어서도 이러한 불굴의 정신, 희망의 싹을 키우는 일에 결코 소홀해서는 안 될 것입니다. 조급한 마음, 쉽게 포기하는 나약한 모습으로는 결코 소망의 열매를 거둘 수 없습니다. 어떤 어려움과 고난이 엄습하더라도 포기하지 않는 도전정신과 믿고 간구하며 기도하는 모습들은 주님이 가장 기뻐하는 신실한 성도의 모습일 것입니다.

천국(天國) 1

요한 웨슬리 선생이 깊은 묵상기도 중에 주님과 교통하다가 깜빡 잠이 들었습니다.

그는 꿈속에서 천국에 들어가게 되었습니다. 그는 천국 문에 들어서기 전에 천국 문을 지키던 수위(守衛) 천사에게 평소 궁금했던 것을 물었습니다.

"나와 더불어 메소디스트운동(복음운동)을 하던 친구들이 얼마나 이곳에 들어와 있습니까?"

천사는 "잠깐 기다리시오." 하더니 서고(書庫)에서 장부를 꺼내 왔습니다. 한참을 살펴보던 수위 천사는 "미안하지만 감리교인들은 한 사람도 없습니다."라고 대답했습니다.

깜짝 놀란 웨슬리는 '내 신앙이 잘못된 것이었나? 그럼 영광스런 칼빈의 5대 교리를 강조하던 장로교 교인들이 다 온 모양이군.' 이라고 생각했습니다. 그래서 또 물었습니다.

"그러면 장로교 교인들은 몇 명이나 와 있습니까?"

그러자 천사가 다시 장부를 한참 뒤적이더니 말했습니다.

"미안하지만 장로교 교인들도 찾아볼 수 없습니다"

웨슬리는 "아무래도 우리의 종교개혁은 대단한 실수를 했나 보다."라고 중얼거리며 "그러면 이곳에는 천주교인들만 와 있겠군요?" 하고 실망스런 표정으로 물었습니다.

그러나 수위 천사의 대답은 이번에도 같았습니다.

"아니요. 천주교인들 역시 이곳에 온 일이 없습니다"

이에 궁금증과 의아심 그리고 반복되는 부정적 답변에 실망한 웨슬리는 큰 소리로 이렇게 외쳤습니다.

"그러면 도대체 누가 이 천국에 들어 왔단 말입니까?"

그러자 수위 천사는 입가에 가벼운 미소를 머금으며 이렇게 대답했습니다.

"예, 많은 분들이 와 계시지요"

"그분들은 어떤 사람들입니까?"

"아~ 예, 그분들은 그리스도를 자신의 참 구주로 믿고 몸과 마음을 바쳐 주님의 뜻에 따라 경건하고 거룩된 생활을 하며, 주님이 가르치신 도를 몸으로 실천하며 살아온 진실한 참 크리스천들입니다."

"네에, 그렇군요. 주님, 어리석은 저희들을 용서해 주시옵소서."

웨슬리 선생은 참회의 기도를 드리며 꿈에서 깨어났다고 합니다.

성경을 달달 외우고, 예배에 열심히 참석하고, 기도에 최선을 다하며, 봉사에 열심을 내고, 어려운 이웃을 돌보고 구제하며, 전도와 선교에 열과 성을 기울인다고 해서 그들이 모두 천국에 들어가는 것은 아닙니다. 물론 이런 것들이 대단히 중요하고, 마땅히 우리 믿는 자들이 감당해야 할 일이기는 하지만 그 무엇보다 중요한 것은 '주님의 뜻에 따라 주님의 자녀인 크리스천답게 사는 것'일 것입니다.

천국(天國) 2

시골에서 목회를 하는 한 목사님이 계셨습니다.

하루는 목사님이 동네 어귀에 있는 정자나무 아래를 지나다가 한가로이 한담(閑談)을 나누고 있는 노인들을 발견하고 자연스럽게 그곳으로 발걸음을 옮겼습니다.

"안녕하세요? 모두 건강하신 모습을 보니 참 좋습니다."

목사님은 이렇게 말하며 그들 속으로 슬그머니 끼어들었습니다.

세월이 어떻고, 농사가 어떻고, 건강이 어떻고, 정치가 어떻고…. 제각기 이런저런 이야기들을 거침없이 늘어놓고 있는 와중에 적당한 틈을 이용해서 목사님이 끼어들었습니다.

"제가 좋은 소식 한 가지를 알려드려도 되겠습니까?"

그러자 즉각 반응이 왔습니다.

"아~ 좋은 소식이야 얼마든지 들어야지요. 어서 말씀해 보세요."

"그럼 말씀드리지요. 저어, 어르신들, 하나님 믿고 천국 가시지요."

그러자 잠시 조용하더니 목사님을 찬찬히 들여다보던 한 노인이 대뜸 이렇게 물었습니다.

"목사님, 거 한 가지 물어봅시다. 정말로 천국이 있기는 있는 거유?"

옳다구나 싶은 목사님은 자신 있는 목소리로 이렇게 대답했습니다.

"그럼요, 있다 뿐입니까? 천국은 분명이 있습니다. 그곳은 정말 좋은 곳입니다. 빛과 사랑이 넘치는 곳이지요. 고통도 없고, 죽음도 없고, 아픔도 없답니다."

그러자 또 다른 노인이 이렇게 되물었습니다.

"그런데 그 좋다는 천국에 가본 사람이 있습니까?"

갑작스런 질문에 잠시 당황한 목사님은 잠시 마음을 진정시킨 후 이렇게 대답했습니다.

"어르신, 천국은 정말로 좋은 곳이기 때문에 한 번 그곳으로 가면 두 번 다시 이곳으로 돌아오지 않는답니다. 그래서 세상적인 일은 다 잊어버리고 산답니다."

목사님의 재치 있는 답변에 노인들이 머리를 갸우뚱거리고 있는데, 처음 질문을 했던 노인이 좌중을 둘러보며 흥분된 목소리로 이렇게 말했습니다.

"맞아, 목사님 말씀이 맞아. 나도 이제야 목사님 말씀에 믿음이 간다니까…."

"무슨 소리야? 목사님 말씀이 옳다니! 자네가 천국에 가본 적이나 있어?"

그러자 좌중이 술렁거렸습니다.

이때 처음 그 노인은 가슴을 내밀며 큰 소리로 말했습니다.

"생각들 해봐. 그렇게 좋은 곳이니까 먼저 간 사람들이 하나도 돌아오지를 않고 있잖아?"

"뭔 소리를 하는 것이여?"

다른 노인들이 이의를 제기하고 나섰습니다.

"자, 자, 자, 그만들 하고 내 말 좀 들어 보라구."

노인은 좌중을 잠재우며 다시 말했습니다.

"자네들, 무소식이 희소식이란 말 못 들었어? 그곳이 그만큼 좋은 곳이라 먼저 간 사람들이 그 즐거움에 취해서 소식을 전하지 못하고 있는 것이지. 안 그래?"

이 마지막 한마디에 모두는 아무 말도 못하고 고개만 끄덕였습니다.

천국(天國) 3

한 집사님이 천국 문 앞에 이르렀습니다.

그가 천국 문 안으로 들어가려는데 문지기 천사가 그를 멈추게 하더니 이렇게 말하는 것이었습니다.

"당신이 이곳에 들어가려면 일생 동안 살아온 것을 점수로 환산하여 100점이 되어야만 하오. 그렇지 않으면 이 천국 문을 통과할 수 없소. 그러니 당신이 세상에 사는 동안 행한 일 중에서 점수에 보탬이 될 만한 일들을 말해 보시오."

그는 자신 있는 것들부터 말하기 시작했습니다.

"저는 30년 동안 한 기업체에 근무하며 많은 공헌을 해서 회사를 많이 키웠습니다."

이에 천사가 대답했습니다.

"그렇소? 정말 대단하시오. 그러니 3점 주겠소."

그는 자기의 잘한 일이 고작 3점밖에 안 된다는 소리를 듣고 깜짝 놀랐습니다. 그래서 그는 또 이렇게 말했습니다.

"저는 충실한 가장이었고, 자녀들도 잘 키웠고, 가정도 행복하게 잘 지켜왔습니다."

천사는 그 말을 듣고 5점을 더 주었습니다. 그러자 그는 조바심이 나서 더 큰 소리로 외쳤습니다.

"새벽기도도 열심히 했고요, 십일조도 빠짐없이 꼬박꼬박 드렸고요, 건축헌금도 많이 드렸고요, 가난한 이웃들도 돌보고요…."

그러자 천사가 손을 저으며 그만하라는 시늉을 하면서 "자, 10점이요." 하는 것이었습니다.

결국 그는 무릎을 꿇은 후 두 손을 들고 부르짖었습니다.

"더는 점수에 보탬이 될 만한 것이 없습니다. 저는 천국에 들어갈 만한 자격이 안 되나 봅니다. 이 죄인을 용서하여 주시옵소서. 저는 죄인입니다."

그는 진심으로 자신의 모습이 보잘것없다고 생각하면서 머리를 조아리며 울부짖었습니다. 이 모습을 측은하게 바라보던 천사가 말했습니다.

"자, 이제야 당신은 100점을 얻었소. 이제 들어가도 좋소."

순종(順從)

우리가 날마다 읽는 성경, 그 안에 무한한 하나님의 섭리하심과 예수 그리스도의 다함없는 사랑이 있음을, 그 깊이와 넓이와 자비와 권능과 신묘막측(神妙莫測)함을 성령님의 도우심으로 깨닫게 됩니다.

그러나 성경의 진리를 알았다고 해서 모든 것이 끝나는 것이 아니라는 사실을 우리는 알아야 합니다. 그렇다면 그 빠진 것, 중요하고 핵심적인 것, 그 '팩트'는 과연 무엇일까요?

그것은 바로 '순종'입니다. 만약 믿는 자가 하나님께 불순종하고, 예수님께 순종하지 않으며, 목사님이나 하나님 안에서 사명을 가진 직분자에게 순종하지 않으면 그 믿음은 이미 죽은 믿음인 것입니다. 왜냐하면 기름 부음을 받은 자는 주님으로부터 능력과 지혜와 권능을 받은 자들이기 때문입니다.

하나님 일에 있어서 어떤 경우든지 순종(順從)하지 않으면 우리는 여전히 안일(安逸)한 신앙 속에 남아 있다고 할 수 있습니다. 왜일까요? 그건 우리가 많은 성경지식을 갖고 있고, 열심을 다해 예배에 참석한다 할지라도 성경에 대한 이해가 우리의 삶을 변화시키지 못한다면 우리는 죽은 교리(教理)에 빠질 수 있기 때문입니다.
다.

우리가 단지 "말씀을 많이 알고 잘 이해했다."는 사실에 만족하고 안심하는 것은 '머리 크고 똑똑한 교인'은 될 수 있을지언정 '참 크리스천'은 될 수 없습니다. 주님이 원하시는 사람은 많이 알고 똑똑한 사람이 아니라 깨달은 것을 행하는 믿음의 사람, 즉 아는 것을 몸으로 실천하는 믿음의 사람입니다. 그러기에 성경은 "순종이 제사보다 낫다."고 가르치고 있습니다.

아마도 '순종'이란 말은 현대인에게 가장 인기 없는 단어일 것입니다. 하지만 우리의 사고(思考)로부터 순종이라는 개념을 제거해 버린다면 우리는 골자가 빠져버린 종교 속으로 함몰(陷沒)되고 말 것입니다. 요즘 대다수의 지도급 직분자들과 목회자들이 성도들의 눈치 보기에 급급하여 멘토나 제사장으로서의 역할에 소홀한 것 같아 안타깝기도 합니다.

복음주의자들의 설교가 그리스도에 대한 믿음을 심어 주는 데는 성공했지만, 진실한 믿음이란 우리의 죄 된 행동들을 버리고 자신을 그리스도의 주권에 굴복시키는 것임을 가르치는 데는 실패한 것 같습니다.

종마(種馬)

　말을 잘 다루는 한 조련사에게 꿈이 하나 있었습니다. 그 꿈은 말들을 잘 훈련시켜서 이 세상에서 가장 훌륭한 말로 키워 종마의 혈통을 보존하고 그 맥을 잇는 것이었습니다. 그래서 그는 우수한 종마(種馬)를 구하기 위해 전 세계 방방곡곡을 누볐고, 덕분에 100여 마리의 우수한 종마들을 찾아내게 되었습니다. 하지만 그가 필요로 하는 말은 그 수의 10분의 1인 열 마리 정도였기 때문에 이를 골라내는 일은 결코 쉽지 않았습니다.

　고심 끝에 조련사는 노련한 경륜과 지혜를 모아 한 가지 묘안(妙案)를 생각해 내었습니다. 그는 먼저 100여 마리의 말을 한 우리에 전부 몰아넣고 부드럽고 영양 많은 풀이며 당근 등 말이 좋아할 만한 것들을 자유자재로 언제나 먹을 수 있도록 하고, 말들이 구속받지 않고 마음껏 자유를 누릴 수 있도록 모든 여건들을 최대한 배려해 주었습니다. 다만 한 가지, 물을 마실 수 없도록 말 우리를 물기가 전혀 없는 건조한 곳에 만들었습니다.

　말들은 처음에는 마음껏 자유를 누리며 천국에라도 온 듯 호사를 누렸으나 차츰 시간이 흐르자 목이 마르게 되었고, 그 갈증은 점점 견디기 힘든 고통으로 다가왔습니다.

처음부터 계획적이기는 했지만 말 우리에서 50여 미터만 가면 맑은 시냇물이 흐르는 개울이 있었고, 거기서 흐르는 물소리와 물향기는 말들에게 참을 수 없는 유혹이었기에 더욱 심한 갈증을 불러일으키는 것이었습니다.

처음부터 우리의 목책(木柵)을 워낙 높고 견고하게 만들었기 때문에 말들이 그 울타리를 뛰어 넘는 것은 상상할 수도 없었습니다. 말들은 스트레스가 고조되어 서로 다투며 싸움까지 벌이는 일이 다반사였습니다.

이렇게 얼마가 흐른 후, 조련사는 적당한 시기라고 생각하고 말 우리를 활짝 열었습니다. 그러자 말들이 일제히 개울을 향해 뛰어가기 시작했습니다.

이때 조련사가 호루라기를 크게 불었습니다. 그러자 그 많은 말들 중에 다섯 마리가 가던 길을 멈추고 멈춰섰습니다. 나머지 말들은 개울을 향해 계속 달려가서 허겁지겁 물을 마셨습니다. 조련사는 그 다섯 마리의 말들에게 달려가서 목을 껴안아 주며 "그래. 정말 잘했어. 너희들이야말로 이 세상에서 제일 가는 최우수 종마야."라고 칭찬해 주었습니다. 그 다섯 마리 말들은 그간 반복한 훈련대로 행동했기 때문입니다.

우리가 주님의 참다운 자녀라면 언제 어느 때라도 그분이 명령하시면 즉시 반응하고 순종하는 사람이 되어야 하지 않을까요? 참

된 크리스천은 "주님 말씀하시면 나아가리다 주님 뜻이 아니면 멈춰 서리다 내가 가고 서는 것 주의 뜻에 있으니 오 주님 나를 이끄소서"라는 찬양처럼 주님께 순종해야 합니다.

주님이 기뻐하시는 자녀를 선택하는 것과 종마를 고르는 것은 무엇이 다를까요? 아무리 외모가 출중하고 혈통이 좋다 한들 주인의 말을 듣지 않는다면 가치가 없는 것입니다.

변화(變化) 1

162cm의 작은 키와 굵은 다리, 무용가로서의 신체적 불리함을 극복하고 세계 무용계의 판도를 뒤바꾼 무용의 신 바슬라프 니진스키는 발레예술을 조형하고 리브레토(libretto)를 구성하는 데 막대한 영향을 끼친 인물입니다.

「뉴욕타임즈」의 음악비평가 카를 반 베흐턴은 그의 비평에서 이렇게 말했습니다.

"그의 머리는 위대한 조각가에게 최고의 만족을 줄 수 있는 방식으로 그 어깨 위에 놓여 있고, 그의 몸통은 날씬한 허리 곡선과 더불어 이루 말할 수 없이 아름답다. 무대 위에서 니진스키는 자신이 의도하는 대로 자신을 주조한다."

그 외에도 피터 리븐 등 수 많은 사람들이 그를 향해 최고의 찬사를 보냈습니다.

그의 인생의 절정은 20세기의 천재적인 공연기획가 세르게이 디아길레프를 만나면서부터입니다. 발레 뤼스에서 활동하고 또 안무가(按舞家)로서도 두각을 나타내 '목신의 오후', '봄의 제전'을 안무했는데 이 두 작품은 당대의 보수적인 분위기로서는 감당하기 힘들만큼 대담하고 현대적이어서 상당한 물의를 일으켰다고 합니다.

그러나 그의 안무작품은 인간에게 환상을 심어 주는 당시의 발레 풍토에서 발레도 현실적인 체취를 지닌 인간의 육체와 그 심리까지도 표현할 수 있음을 보여 준 최초의 작품이었습니다. 그는 발레를 통해 '인류에 대한 사랑'을 실현하려 했으나 그를 향한 최고의 경탄은 어느덧 시샘과 적의로 바뀌었습니다.

소외 받고 외롭게 된 니진스키는 "그리스도처럼 고통 받았다"는 유명한 말을 남긴 채 쓸쓸히 숨을 거두었다고 합니다. 그러나 춤으로 호흡하듯 영혼처럼 비상(飛上)한 그의 무용은 많은 사람들의 기억 속에 영원히 남을 것이며, "자신이 미친 것은 인류에 대한 사랑 때문"이라는 그의 절규는 시사하는 바가 크다고 하겠습니다.

사람은 늘 하던 방식, 자기가 오래 머물던 곳, 늘상 만나는 사람들과 함께하며 익숙한 것에 안주(安住)하며 본능적으로 변화를 멀리하거나 거부반응을 나타냅니다.

율법주의가 세상을 지배하던 시절, 주님이 이 땅에 오셔서 변화와 회개와 성찰을 주창하실 때 종교지도자들과 수구세력 및 그에 동조하는 민중들은 박해하고 거부하며 외면했지만, 진리는 빛을 발하고, 정의는 최후 승리를 이루었습니다.

변화(變化) 2

어려서부터 친하게 지내던 두 친구가 있었습니다.

존은 하나님을 믿는 가정의 독실한 신앙인이었고, 브라운은 믿음이 없는 무신론자였습니다. 하지만 그들은 어려서부터 죽마고우로 지냈기 때문에 신앙문제로 가끔 다투기는 했지만, 그들의 우정에 크게 방해되는 일은 거의 없었습니다. 그러나 존은 브라운의 믿음 없음을 안타깝게 여기며 자주 권면도 하고 중보기도도 했습니다.

그러던 어느 날, 존은 브라운을 자기 집에 초대해 함께 식사를 하게 되었습니다.

존은 분위기를 살피며 친구에게 부드러운 음성으로 이렇게 제안했습니다.

"브라운, 우리 함께 하나님께 감사의 기도를 드리도록 하지. 이모든 것을 주신 분이 하나님이시니까…."

그러자 예상했던 대로 브라운은 퉁명스럽게 대답했습니다.

"자네가 믿음을 갖던 말던 내가 상관할 바는 아니지만 자네 신앙을 나에게 강요하지는 말게. 나는 비록 무신론자이긴 하지만 미신이나 우상에 사로잡혀 사는 사람은 아니니까…."

존은 생각에 생각을 거듭하고, 자기 딴엔 지혜롭게 설득을 해보려던 시도가 일언지하에 거절되자 실망도 되었으나 다시 마음을 가다듬고 혼자 경건하게 기도를 했습니다. 그리고 난 뒤, 브라운에게 넌즈시 말했습니다.

"실은 말이야, 우리 집에도 자네같이 생각하는 자가 하나 있긴 있지."

그 소리를 듣고 브라운은 내심 반가웠습니다. 그래서 속으로 생각했습니다.

'아마 저 친구의 똑똑한 큰 아들일 거야.'

브라운은 지레짐작을 하고 이렇게 말했습니다.

"존, 자네 집에도 똑똑한 친구가 한 명 있긴 있구만 그래. 그건 자네 큰아들 피터겠지?"

그랬더니 브라운의 기대와는 다르게 존은 고개를 절래절래 흔들며 이렇게 대답했습니다.

"아닐세. 우리 아들은 나보다 신앙심이 더 좋다네. 내가 말하는 우리 집 불신자는 저기 저 우리에 있는 피기(돼지)라네."

식사를 끝내고 집에 돌아온 브라운은 불쾌하기도 하고, 자존심도 상하여 한동안 마음을 진정시키지 못했습니다.

그런데 저 멀리 교회에서 들려오는 차임벨 소리에 울분이 가라앉고 차분해지더니 자기도 모르게 교회로 가게 되었습니다. 그 교회는 바로 존의 가족이 함께 섬기는 교회였습니다. 친구는 그를 노엽게 했지만 성령님은 브라운의 찔림을 통해 하나님을 스스로 찾아가는 변화의 역사를 이루신 것입니다.

변덕(變德)

『열하일기』를 쓴 연암 박지원의 글에 이런 재미있는 글이 쓰여
있습니다.

"귀에 물이 들어간 아이에게 이명(耳鳴) 현상이 생겼다. 귀에서 자꾸
만 피리 소리가 들린다고 신기해 하며 또래 친구들에게 제 귀를 맞
대고 그 소리를 들어보라고 했다. 친구들은 아무 소리도 들리지 않
는다고 했고, 그 아이는 친구들이 알아 주지 않는다고 무척 안타까
위했다."

"시골 주막에는 한 방에 여러 사람이 함께 잠을 자는 경우가 많다.
한 사람이 코를 심하게 골아 다른 사람들이 잘 수가 없었다. 견디다
못해 그를 흔들어 깨웠다. 그가 벌떡 일어나더니 '내가 언제 코를 골
았느냐!'며 불끈 성을 냈다."

"이명은 병인데도 남이 안 알아 준다고 난리고, 코골기는 병이 아닌
데도 남이 먼저 아는 것에 화를 낸다. 그러니 정말 좋은 것을 지녔는
데 남이 안 알아 주고, 진짜 치명적인 약점을 남이 지적하면 그 섭섭
함과 그 분노를 어찌 감당할 수 있을 것인가?"

남 잘하는 것은 못 보고, 제 잘못에는 눈과 귀를 닫는 그들이 바로 내가 아닐까요?

"얻고 잃음은 내게 달려 있고, 기리고 헐뜯음은 남에게 달려 있다."

나에게 성취(成就)가 있는데 남이 칭찬해 주면 더할 나위 없이 좋지만, 사람들은 칭찬에 인색해서 헐뜯고 비방(誹謗)하기 일쑤입니다. 이것이 인심이고 비정한 세상의 모습입니다.

별로 내세울 것도, 잘한 것도 없는데 비행기를 태워서 붕 띄운다면 그 자리가 참으로 불편할 것입니다. 그러니 변덕 심한 세상 사람들의 기리고 헐뜯음에 일희일비(一喜一悲)해서는 안 되겠습니다.

비판(批判)과 비난(非難)을 구분하지 못하는 것은 참으로 딱한 습성입니다. 그러므로 벌어진 현상은 나에게 득실이 있을 뿐, 남의 훼예(기리고 헐뜯음)에 휘둘려서는 안 되는 것이지요. 따라서 비판은 겸허히 수용해서 고치도록 노력하고, 비난은 너그러움으로 흘려보낼 수 있는 자기 수양(修養)과 많은 훈련이 필요할 것 같습니다.

변신(變身)

미국의 유명작가 마크 트웨인이 쓴 『왕자와 거지』에 보면 이런 장면이 나옵니다.

어느 날, 한 왕자가 거리 구경을 나갔다가 자기 또래의 한 거지 소년을 만납니다. 그 거지 소년은 자기와 얼굴은 물론 몸매와 목소리 그리고 키까지 거의 비슷해서 일란성 쌍둥이 같았습니다. 그래서 왕자는 흥미를 갖고 거지 소년에게 다가가서 이렇게 말합니다.

"너는 나와 꼭 닮았구나. 나는 왕궁에만 갇혀 사는 것이 지겨워서 자유로운 바깥세상을 늘 그리며 살아왔거든. 그러니 며칠만 나와 옷을 바꿔 입고 살아보지 않겠니?"

거지는 감히 왕자님의 명령을 거절할 수 없어서 얼떨결에 동의를 하게 되었습니다.

옷을 바꿔 입은 두 소년은 잠시 자신의 위치를 망각한 채 그동안 서로에게 부족했고, 갖고 싶고, 누리고 싶었던 것들을 마음껏 즐기는 기쁨을 맛보게 되었습니다. 처음에는 어색하기도 하고 환경에 적응하기까지 어려운 점도 있었지만 그들이 누리는 행복감과는 비교할 수 없었습니다. 왕자는 거지가 되어 세상으로 가고, 거지는 왕자가 되어 왕궁으로 갔습니다.

이런 일은 동화 속에만 나오는 꾸민 이야기가 아닙니다. 우리가 사는 세계에서도 실제로 이런 일이 있었습니다. 그럴 리가 없다고요? 아닙니다. 이것은 실제 있었던 역사적인 사실입니다.

하나님의 외아들이신 예수님은 이 땅에 오신 하늘나라의 왕자님이십니다. 예수님은 죄에 빠져 죽을 수밖에 없는 우리 인간들을 구원하시려고 자신을 낮추어 하늘 보좌를 버리시고 낮고 천한 이 땅에 친히 찾아오신 것입니다. 하늘나라의 귀하고 거룩한 왕자님이 이 세상의 거지가 되신 셈입니다.

반면, 죄로 인해 더러워진 거지였던 우리는 예수님의 대속의 공로로 구속 받아 하나님의 자녀가 되었습니다. 결국 왕자가 거지가 되고, 거지가 왕자가 되어 그 신분이 바뀐 셈입니다. 그러므로 왕궁에 들어간 왕자는 왕자답게 살아야 합니다. 아직도 옛 풍습의 노예가 되어 거지꼴로 살아서는 안 될 것입니다. 신분에는 그에 걸맞는 복장과 언어와 법도에 맞는 행실이 뒤따라야 합니다. 겉보기에 화려한 무늬만의 변화가 아니라 속사람까지 변하는 참된 변화가 필요한 것입니다.

"호박에 줄 긋는다고 수박이 되며, 말 엉덩이에 검은 줄 긋는다고 얼룩말 되냐?"라는 말이 있습니다. 속사람까지 변하지 않는 한 그 변화는 눈속임에 불과한 촌극(寸劇)이 되고 말 것입니다. 그래서 지혜자는 "수박 같은 사람보다 호두 같은 사람이 되라."고 우리에게 교훈합니다.

꿈

"남가일몽(南柯一夢)"이란 말은 '남쪽으로 뻗은 나뭇가지 밑에서 꾼 꿈'이란 뜻입니다. 그러나 꿈의 대명사로 흔히 쓰이던 이 고사 성어는 언제부터인가 '한때의 부귀와 권세는 꿈과 같다'고 하여 덧 없는 인생의 부귀영화에 비유하는 말로 쓰이게 되었습니다.

또 이와 비슷한 말로 "한단침(邯鄲枕)"이란 말도 있습니다. 한단 에서 그 유명한 국화꽃으로 만든 국화침(菊花枕)을 베고 낮잠에 들 었다가 꿈속에서 인생의 덧없음을 경험하고 허무한 인생 교훈을 얻었던 고사성어가 바로 그것입니다.

또 "권토중래(捲土重來)"라는 말도 흔히 사용합니다. 이 말의 뜻 은 '흙먼지를 날리며 다시 온다'는 뜻으로 '실패한 사람이 다시 분 기하여 세력을 되찾는다'는 말입니다.

사람이 한 세상을 살면서 많은 재산도 모으고, 출세도 하고, 명 예와 권력도 얻고, 자기를 따르는 많은 인재들과 가까운 벗들을 사 귀고, 많은 자녀들과 울타리가 되는 권속(眷屬)들을 거느리며 한 시 대를 떵떵거리며 풍미하고 살아보지만 결국 실패하거나 병약하거 나 판단 착오로 인하여 그 많던 것들을 잃었을 때 인생의 허무(虛 無)함과 세월의 덧없음에 낙심하고 맙니다. 그래서 권토중래를 꿈꾸지만 대부분 꿈은 꿈으로 끝나고 맙니다.

탕자(蕩子)가 그 많은 재산과 믿음을 탕진하고 다시 찾은 것은 '아버지'였습니다. 그러나 아버지는 아들의 허물과 상실을 탓하거나 아쉬워하지 않습니다. 오히려 그는 아버지에게서 그가 겪어보지 못했던 따뜻한 위로와 환영을 받습니다. 이것이 바로 하나님의 본성이고 우리를 향하신 사랑인 것입니다. 세상 사람들에게는 이용당하고, 착취당하고, 배신당하지만 하나님 아버지만은 우리의 허물과 실패를 용서하시고 조건 없는 사랑으로 보듬어 주시고 새 소망을 주십니다.

마지막 소원

    절대 왕권의 봉건주의 시대여서 그 법이 극도로 엄중하고 가혹했던 시절, 한 가난한 농부가 남의 양을 훔치다가 현장에서 붙잡혀서 형장으로 끌려가 재판에서 사형선고를 받게 되었습니다. 훔친 양을 먹어보지도 못하고 졸지에 사형을 당하게 된 농부는 하늘이 노랗게 보이는 절망감에 빠지게 되었습니다.

    그런데 당시 영국에는 사형수에게 마지막 한 가지 소원을 들어 주는 관례가 있었습니다. 그래서 위기와 절망 가운데서도 마지막 살 길을 궁리하던 농부는 소원을 묻는 형리에게 이렇게 말했습니다.

    "저는 성경 읽기를 좋아하는데 죽기 전에 다시 한 번만 성경을 읽을 수 있도록 허락해 주십시오."

    이 말을 들은 형리는 자기 상관에게 보고하고, 또 그 상관은 그 위 상관에게 보고했습니다. 이렇게 해서 결국 농부의 소원은 왕의 윤허를 기다리게 되었습니다.

    죄는 지었지만 그 생각이 가상하게 생각된 왕은 "그렇게 하라."고 윤허를 해주었습니다.

    "좋다. 네가 성경을 다 읽은 후에 시형을 집행하도록 하겠다."

이렇게 해서 그 농부는 감옥에 갇힌 채 날마다 성경을 읽기 시작했습니다.

그런데 그 속도가 기상천외한 것이었습니다. 성경을 하루에 한 절씩만 읽는 것이었습니다. 성경을 이렇게 읽다가는 평생을 읽어도 다 읽을 수 없는 것입니다.

성경은 구약이 39권에 신약이 27권, 합계 66권입니다. 또 구약은 929장이고, 신약은 260장이니 합계 1,189장입니다. 뿐만 아니라 구약이 23,080절이고 신약이 7,957절이니 합하면 31,037절입니다. 하루에 한 절씩 읽으면 무려 85년이 걸리는 것입니다. 그래서 간수는 날마다 독촉을 하기에 이르렀습니다.

"야, 이놈아! 제발 빨리 좀 읽어라. 너 때문에 우린 집에도 못 가고 이렇게 썩고 있잖아!"

그러나 농부는 능청스럽게 대답했습니다.

"이 말씀은 너무나 귀하고 뜻이 어려워서 깊이 생각하며 묵상해야 하기 때문에 하루에 꼭 필요한 양인 한 절씩 읽는 것이니 좀 참고 기다려 주시오."

이 소식을 들은 왕은 껄껄 웃으며 이렇게 명령했습니다.

"고얀지고! 당장 석방해서 집에 가서 읽으라고 하라. 허어~ 고것 참!"

희생(犧牲)

　'수풀 속의 무법자'라고 불리는 사마귀는 생김새가 독특하고 조금 무섭게 생긴 곤충입니다. 사마귀는 지구상에 1,600여 종이 있으며, 대부분 열대나 아열대 지방에 서식하고 있습니다.

　아프리카나 말레이시아의 사마귀는 나뭇가지처럼 생긴 것도 있고, 예쁜 꽃과 같이 생긴 것도 있다고 합니다. 그러나 우리나라의 사마귀는 대부분 풀잎처럼 생겼고, 초록색으로 그 보호색을 띠고 있습니다. 자기 몸을 천적(天敵)으로부터 보호하기 위한 위장술(僞裝術)이기도 합니다.

　그런데 사마귀는 앞뒤 360도로 움직일 수 있는 머리와 큰 눈, 긴 다리와 톱니처럼 날카로운 여러 다리들과 긴 몸통에 달린 넓은 날개 등을 갖고 있습니다. 자신을 감추고 먹이 상대를 공격하기 좋은 형태로 환경에 잘 적응하여 독특한 모양이 된 것입니다

　특이한 것은 암컷 사마귀는 수컷보다 거의 두 배나 큰데, 나뭇가지에 매달려 배에서 나오는 끈적끈적한 액체를 뿜어내며 그 속에다 많은 알을 낳는다는 것입니다. 경우에 따라서는 (흔히) 사마귀가 짝짓기를 할 때 암컷이 수컷을 잡아먹는다고 합니다. 왜일까요? 그것은 암컷이 짝짓기를 하는 동안에는 사냥을 할 수 없기 때

문에 허기진 배를 채우기 위해서라고 합니다. 수컷보다 월등히 큰 암컷은 수컷을 잡아먹음으로써 짝짓기 후에 부족해진 체력을 보충하는 것입니다.

또 놀라운 사실은 수컷은 짝짓기를 하는 도중에 자기가 잡아먹혀도 몸에서는 계속해서 정자를 배출한다는 사실입니다. 비록 자기 몸은 암컷에게 먹이로 내주더라도 더 많은 씨를 퍼뜨리겠다는 의지의 본능이라고 할 수 있을 것입니다. 수컷은 짝짓기 중에 자기의 머리와 가슴을 일부러 암컷의 입 가까이에 기울여 주기도 하는데, 이는 암컷이 자신의 고통을 덜어 주도록 돕는 행위이며, 암컷 역시 머리부터 먹는 것을 당연한 순서처럼 여긴다고 합니다. 자기 한 몸을 희생해 가면서까지 종족 보존을 하려는 그 갸륵(?)하고도 눈물겨운 희생은 많은 것을 생각하게 합니다.

식물세계에서도 이런 현상은 당연지사로 일어납니다. 이것이 순리이고 하나님의 오묘한 섭리이기도 합니다. 만약 이런 '희생의 섭리'가 없다면 이 세상은 벌써 멸망하고 말았을 것입니다. 70억 인간들에게 이런 거듭나는 희생의 거룩한 순리가 없었다면 진작에 다 굶어 죽었을 것입니다. 한 알의 밀알이 땅에 떨어져 수많은 새 생명을 탄생하게 함으로써 종(種)은 보존되고 역사는 지속이 되는 것입니다. 오직 하나님의 전능하신 능력에 감탄할 따름입니다. 그러기에 희생은 소멸이며 손실인 동시에 새 생명을 잉태하는 생산이며 고귀한 가치입니다.

포용(包容)

　　사람을 가리켜 흔히 "사회적 동물"이라고 말합니다. 이 말은 '서로 어울려서 그 환경에 융합하고 적응하며 살아가는 존재'라는 뜻입니다. 그러나 이것이 어디 사람뿐이겠습니까? 오랜 세월 동안 그 환경과 여건에 길들여지며 잘 적응해서 오늘 우리와 친근해진 소, 말, 돼지, 개, 닭 등 모든 가축들 역시 '환경 적응의 산물'임에 틀림없습니다. 이처럼 우리가 환경에 적응(適應)해 사는 것은 자연스런 하나님의 섭리이기도 합니다.

　　싱가포르의 주롱 버드 파크(Jurong Bird Park)는 세계에서 제일 큰 새 공원입니다. 이 공원에서는 양란(洋蘭)을 비롯한 수많은 희귀 식물들과 6백여 종, 8천여 마리의 새들을 사육하고 있는데 그 많은 새들이 거대한 공원 안에서 자유롭게 서식하며 살아가고 있습니다. 좋아하는 먹이와 생명의 안전이 보장되기 때문입니다. 특히 원형극장에서 펼쳐지는 플라맹고와 앵무새 등 많은 종류의 새들이 조련사의 지시에 따라 각종 묘기를 보여 주고 있어서 늘 수많은 관광객들이 모여들어 관람합니다.

　　그런데 신기한 것은 이 새들이 조련사는 물론 일반 관광객에게까지 자연스럽게 스킨십을 하면서 사진촬영을 하면 포즈를 취해 주기도 하고, 도망가거나 놀라서 소란을 떨지도 않는다는 것입니다. 더 신기한 것은 새들이 도망가지 못하도록 철조망을 쳐놓지 않았지만 달아나거나 스스로 떠나지 않는다는 사실입니다. 그냥 그곳이 자기들의 삶의 터전이고, 조련사와 관광객들을 자기들과 함께 살아가는 익숙한 동료쯤으로 생각하는 모양입니다.

마찬가지로 사람들 역시 좋은 환경, 좋은 이웃이 있으면 함께 어울리며 정착하려고 합니다. 직장, 일터, 마을, 가정…. 그 환경과 상황에 익숙해지면 등을 떠밀어도 잘 떠나려 하지 않습니다.

교회 역시 예외가 아닙니다. 정들고, 어울리며 부대끼다 보면 적응이 되고 그곳이, 그것이 자연스럽고 평안하다고 느끼게 됩니다. 사람은 혼자 살 수 없기 때문에 서로를 의지하며 희노애락을 같이 합니다. 사람과 사람의 울타리를 필요로 하게 됩니다.

전도를 통해서든, 자발적 출석이든, 위로와 치유와 교류와 평안을 얻기 위해서든 많은 사람들이 교회를 찾습니다. 그럴 때 우리의 모습을 상상해 봅시다. 얼마나 그들에게 관심을 갖고 포용하며 위로하고 사랑했습니까? 자의든 타의든 교회를 찾아온 성도들이 사랑과 평안을 느끼며 정착할 수 있도록, 그들이 빨리 적응해서 등 떠밀어도 떠나지 않는 환경을 우리가 조성해야 하지 않을까요? 우리는 이제 "집토끼는 놓치고 산토끼를 잡으러 다니는" 우(愚)를 더이상 되풀이하지 말아야 하겠습니다.

사랑 1

"사랑은 오래 참고 사랑은 온유하며…사랑은 모든 것을 참으며 모든 것을 믿으며…사랑은 언제까지든지 떨어지지 아니하나 예언도 폐하고 방언도 그치고 지식도 폐하리라 그런즉 믿음 소망 사랑 이 세 가지는 항상 있을 것인데 그중의 제일은 사랑이라."

크리스천이라면 누구나 고린도전서 13장에 있는 이 말씀을 다 알고 있을 것입니다. 그만큼 이 말씀은 아름답고, 진실하고, 명쾌하며, 진리에 가깝습니다.

허드슨 테일러는 영국의 선교사로서 잠자던 호랑이 중국에 선교의 문을 연 사람입니다. 그는 선교활동을 하던 중 볼 일이 있어서 잠시 고국에 돌아가게 되었습니다. 그는 후배 선교사들을 모집해서 함께 중국으로 가서 동역(同役)하기를 원했습니다.

이 소식을 듣고 많은 선교지망생들이 모여들었습니다. 테일러는 그들을 면접보면서, 모든 선교지망생들에게 똑같은 질문을 했다고 합니다.

"당신은 왜 중국 선교사로 가려고 합니까?"

그러자 선교지망생들은 나름대로 자기들이 지원하는 목적을 이야기했습니다.

"예, 저는 중국에 있는 수많은 불쌍한 영혼들을 구원하기 위해서입니다."

"저는 그곳에 하나님의 나라를 건설해서 주님의 영광을 나타내고자 합니다."

"저는 선교사님의 일을 도우면서 많은 것을 배우고 실천하고자 합니다."

선교지망생들의 여러 가지 이유를 듣고 난 뒤 테일러는 이렇게 말했습니다.

"예, 모두들 훌륭한 생각과 비전을 가진 것 같습니다. 하지만 내가 보기에 꼭 필요한 한 가지가 빠진 것 같습니다. 선교와 하나님의 일에는 꼭 그것이 필요한데 말입니다."

그러자 선교지망생들은 의아한 눈빛을 주고받으며 이구동성으로 물었습니다.

"선교사님, 그것이 무엇인가요?"

이에 테일러 선교사는 이렇게 대답했습니다.

"예, 그것은 바로 사랑입니다. 내가 중국 선교사가 된 것은 바로 중국 사람을 사랑하기 때문입니다."

사랑 2

한 젊은 여성이 차를 몰고 가는 도중에 잠깐 방심하여 앞차를 들이받았습니다. 순간적인 실수로 앞차는 물론 자기 차마저 크게 부서지고 말았습니다. 더구나 그녀의 차는 출고된 지 불과 일주일 정도밖에 안 되는 새 차였고, 앞차는 고가의 외제차였습니다. 그녀는 속상함과 난감함에 어찌할 바를 모르고 핸들에 기대어 고개를 푹 숙인 채 한참을 공황상태에 빠져 있었습니다.

얼마나 지났을까? 창 밖에서 화난 표정의 앞차 주인이 문을 열라며 소리를 지르는데, 그녀의 머릿속에는 남편의 화난 얼굴이 오버랩 되는 것이었습니다. 극히 짧은 시간이었지만 그 짧은 시간 동안 그녀의 머릿속에는 여러 가지 생각이 교차했습니다.

'이 일을 어떻게 하면 좋지? 이 일을 어떻게 수습하지? 어쨌거나 일단 교통방해는 피해야 하니 갓길로 차를 옮겨야 할 텐데…. 앞차도 앞차지만, 남편에게는 뭐라고 해야 되지?'

평소에 무뚝뚝하고 잔정이 없는 남편의 화난 얼굴이 자꾸만 떠오르자 이 일을 어찌 해야 할지, 또 어떻게 변명을 해야 할지 눈앞이 캄캄하고 답답해서 그야말로 미칠 것 같았습니다. 어찌 됐든 자기가 저지른 잘못이었기에 해결하지 않으면 안 될 난처한 입장에

처했지만 누구 하나 선뜻 나서서 도와줄 사람은 없었습니다.

한참을 멍하게 앉아 있던 그녀는 앞차 주인이 요구하는 대로 운전면허증을 제시하고, 또 자동차등록증을 제시했습니다.

그런데 그녀가 자동차등록증을 꺼내려는 순간, 그 안에서 하얀 메모지가 툭 하고 그녀 앞에 떨어지는 것이었습니다. 그녀가 메모지를 펼쳐보았더니 굵직한 남편의 필체로 다음과 같은 내용이 적혀 있었습니다.

"혹시라도 사고가 날 경우에 이것을 잊지 말아요. 내가 사랑하는 건 차가 아니라 당신이라는 걸! 여보, 사랑해!"

사랑 3

아버지, 어머니, 딸 이렇게 세 식구가 여행을 하던 중에 교통사고가 났습니다. 자동차가 언덕 아래로 구르는 사고였습니다. 딸의 상처는 깊어서 평생 목발을 짚고 다녀야 했습니다. 사춘기인 딸은 마음에 깊은 상처를 입었습니다. 그나마 같은 목발 신세인 아버지가 딸에게는 큰 위안이 되었습니다. 이런 걸 "동병상련(同病相憐)" 이라고 하지요.

딸이 말도 안 되는 투정을 부려도 그 마음을 누구보다 잘 아는 아버지가 나서서 말없이 받아 주었습니다. 딸에게는 아버지와 같이 공원벤치에 나란히 목발을 기대놓고 앉아서 이야기를 나누는 것이 유일한 행복이었습니다.

어려운 사춘기를 잘 넘기고 딸은 대학에 진학했습니다. 입학식 날, 아버지는 딸을 꼬옥 껴안아 주며 말했습니다.

"네가 내 딸이라는 것이 자랑스럽구나."

어느 날, 세 식구가 길을 가고 있었습니다. 마침 이들의 앞에서 공놀이를 하고 있던 꼬마가 공이 큰길로 굴러가자 주위를 살피지도 않고 큰길로 뛰어 들었습니다.

그 순간, 놀라운 일이 벌어졌습니다. 아버지가 목발을 내던지고 큰길로 뛰어들어 꼬마를 안고 길 건너편으로 달려가는 것이었습니다. 아버지가 뛰는 모습은 너무나 날쌔고 자연스러워서 딸은 눈앞에서 벌어진 일을 도무지 믿을 수 없었습니다.

잠시 후, 어머니가 다가와서 딸을 꼭 껴안으며 조용히 속삭였습니다.

"얘야, 이제는 말할 때가 된 것 같구나. 사실 네 아빠는 전혀 아프지 않단다. 퇴원 후에 다 나았거든. 그런데 네가 목발을 짚어야 한다는 사실을 알고 나신 후 너와 아픔을 같이 해야 된다고 하시면서 아버지도 목발을 짚겠다고 자청하셨단다. 이건 오직 나와 네 아빠만 아는 비밀이야."

딸은 길 건너편에서 손을 흔드는 아버지를 바라보면서 하염없이 눈물을 흘렸습니다.

결혼(結婚) 1

농경사회 때는 추석 무렵이면 중추가절(仲秋佳節) 호시절로 결혼의 적기라 했습니다. 하지만 결혼에 회의적(懷疑的)인 사람들은 이렇게 말합니다.

"결혼은 적과 동침하는 유일한 전쟁이며 marriage(메어리지)는 신기루라는 뜻의 Mirage(미라지)라고 발음해야 한다."

여기 재미있는 일화(逸話) 하나를 소개합니다. 다름 아닌 『종의 기원(種의 起源)』을 쓴 찰스 다윈이 결혼을 앞두고 결혼의 장단점을 나름으로 분석한 내용들입니다. 과연 다윈답다는 생각이 듭니다.

* 결혼을 하면?

첫째, 돈을 벌기 위해 일해야 하는 부담감이 점증(漸增)됨

둘째, 혼자 여행도 못하고 책도 못 읽음

셋째, 모든 필요조건을 지켜야 함

넷째, 포로처럼 살아야 함

다섯째, 자식들 뒷바라지에 젊음을 소진(消盡)해야 함

여섯째, 영원한 반려자, 노년의 친구로 살아야 함

일곱째, 여자의 수다에 끔찍한 시간을 낭비해야 함

여덟째, 평생 일만 하다가 아무것도 남는 것 없이 평생을 보내야 함

* 결혼을 하지 않으면?

첫째, 자유를 누릴 수 있음, 친척들 방문과 모든 사소한 일에 대해
　　　관여나 강요당하지 않음

둘째, 걱정과 책임감이 없음(양육 비용, 생활비 벌어들일 걱정 등)

셋째, 집을 사고 꾸미는 데 드는 비용과 문제들에서 해방됨

넷째, 아이들이나 아내로 인해 시간을 낭비할 일이 없어 마음이 편함

다섯째, 반려자와 자식이 없어 활기참과 순수한 가정의 행복을 놓침

여섯째, 몸을 가누지 못할 나이에 돌봐 줄 사람이 없는 쓸쓸한 노후
　　　생활을 감수(甘受)해야 함

그래서 그가 내린 최종 결론은 이렇습니다.

"어쨌든 애완견보다는 낫지 않겠는가! 행복한 노예도 많다고 하
던데…."

그러면서 결국 결혼을 했다고 합니다.

하나님께서 인간을 창조하실 때 처음 자신을 닮은 아담을 만드셨고 그다음에 '사람이 독처(獨妻)하는 것이 좋지 못하여' 그의 배필을 지으신 것입니다. 그러므로 사람은 생육하고 번성하기 위해 서로를 의지하며 살아가야 합니다. 혼자 살면 당장은 책임도 불편도 없이 편하고 좋을지 모르지만 쓸쓸한 노후의 자신을 돌아보아야 합니다.

결혼(結婚) 2

"믿음 소망 사랑 이 세 가지는 항상 있을 것인데 그중에 제일은 사랑이라."

바울은 사랑에 대하여 쉽고 간결하게 그 의미를 정의하고 있습니다.

그러나 우리 인류 70억 명이 하는 그 어떤 사랑도 똑같은 사랑은 없습니다. 왜냐하면 각 사람마다 그 사랑의 형태나 농도, 방법이 다 다르기 때문입니다.

여기 알아두면 도움이 될 만한 "사랑의 법칙 세 가지"를 소개합니다.

첫째, 모자이크 법칙

모자이크는 중세 비잔틴시대에 유행했던 회화예술(繪畵藝術)입니다. 모자이크는 벽이나 바닥에 타일 조각들을 밑그림에 배열해서 어떤 현상을 연출하는 것입니다. 모자이크는 유화(油畵)처럼 약간 떨어져서 보아야 그 형체와 아름다움을 제대로 감상할 수 있습니다. 너무 가까이서 보면 오히려 그 작품의 진면목을 찾아보기 힘듭니다.

사랑 역시 가까이 보이는 상대방의 단점에 집착하다 보면 깨지기 쉽습니다. 약간 떨어져서 객관적인 관점에서 상대방의 전체를 바라봐야 그 완성미(完成美)를 제대로 볼 수 있는 것입니다.

둘째, 장미 법칙

가시가 있음에도 장미가 꽃 중의 왕 노릇을 하는 것은 짙은 향기와 농염한 색깔 때문입니다. 또한 장미는 홑겹이 아니라 수많은 꽃잎들이 겹쳐져서 하나의 아름다운 형태로 완성되어 있기 때문입니다.

마찬가지로 사랑 역시 가시나 홑겹 꽃잎만으로 그 꽃을 평가해서는 안 됩니다. 사랑은 관심과 이해와 배려와 격려로 겹을 이루는 완성의 꽃이라는 것을 기억해야 합니다.

셋째, 태극 법칙

서양에서는 이상적인 배우자(짝)를 좋은 반쪽이라고 하지만, 반쪽이기 때문에 쉽게 떨어질 수도 있습니다. 그러나 동양은 음양의 법칙으로 만납니다. 음과 양은 서로가 부족한 점을 보완하면서 기어(gear)처럼 맞물려서 원을 이룹니다.

요즘은 세상 풍조가 많이 서구화되고 또 추구하다 보니 쉽게 만나고 쉽게 헤어지는 시대가 되어가고 있지만, 옛 선조들이 추구하며 전통으로 지켜왔던 음양의 이치, 즉 음과 양이 태극처럼 조화롭

게 어울리는 융합의 원리를 이해하고 지켜 나갈 때 변치 않는 사랑
으로 오래 지탱할 수 있는 것입니다.

하지만 그 무엇보다 오래도록 변하지 않는 진리가 있습니다. 바
로 그것은 하나님의 말씀이고 섭리이며 또한 절대 명령이기도 합
니다.

남녀가 서로 좋아서 만나 결합하는 것이 아니라 하나님께서 짝
지워 주셔야 합니다. 하나님이 허락하신 결혼이라야 축복받는 아
름다운 가정이 될 수 있습니다. 그래서 성경은 이렇게 말합니다.

"하나님이 짝 지워 준 것을 사람이 나누지 못할지니라."

이것은 하나님의 말씀인 동시에 만고의 진리인 것입니다.

행복(幸福)

남자의 일생에서 가장 행복했던 시기는 몇 살 때쯤일까? 그것은 37
세라고 한다. 철이 들어 가장 큰 행복을 느낄 때가 '아버지'가 되는
순간이고, 그다음은 사랑하는 사람과 결혼해서 가정을 꾸리고, 집
과 차를 사고, 직장에서 승진을 해가면서 어느 정도 존경과 권위를
얻어 성취감을 갖게 될 때라고 한다. 이러한 인생의 중요 계기를 이
룰 수 있는 나이가 37세 안팎이라고 한다.

글쎄요. 요즘 같아서는 이 말에 공감(共感)할 사람들이 얼마나
있을까요? 이 또래는 아직 인생의 환상에서 깨어날 나이가 아니
요, 쉽게 질병에 걸리거나 허약해질 나이도 아니며, 두려운 중년의
위기와는 아직 10여 년 떨어져 있고, 생활여건들이 최상은 아니지
만 두루두루 여의(如意)하니 행복을 느낀다고 합니다.

사람들은 행복한지, 행복하지 않은지 느낄 수 있습니다. 하지만
행복이 무어냐고 물으면 쉽게 설명하지 못합니다.

한 가지 분명한 것은 더 행복해지려면 더 많은 것을 얻어야 하
는 것이 아니라 가진 것을 일부러 버려야 한다는 사실입니다. 결
국 불행은 고통, 스트레스, 괴로움을 초래하는 것들까지 움켜쥐고

있기 때문이기도 합니다. 자신과 주위 사람, 일과 상황까지도 장악해야 한다는 생각마저 버려야 합니다. 잡으려고 하면 할수록 고통은 심해지고 행복은 점점 나로부터 멀어질 뿐이기 때문입니다.

남을 탓하고 불평만 늘어놓지 말라. 대인관계가 원만치 못하면 행복할 수가 없다. 모든 가면을 벗어버리고 진정한 당신을 인정하고 받아들여라. 그래야 편해진다. 다른 사람의 기대에 맞춰 살려고 하지 말라. 정작 자신의 인생은 얼떨결에 흘려보낸다. 과거를 잊어라. 과거가 지금보다 훨씬 좋았다고 생각할수록 미래는 더 섬뜩해질 것이다. 더 이상 착각하지 말라. 당신의 과거는 현재였을 당신이 그토록 무시해 버렸던 때다.

글쓴이가 들려주고 싶었던 말이 비수가 되어 가슴속에 파고듭니다. 글쓴이는 "인생은 목적지가 아니라 여행이다. 갈 길은 헤아려보되 언제나 현실에 충실해야 현재의 연속인 미래에도 행복할 수 있다."고 덧붙이고 있습니다.

예전에 회사를 다닐 때 매주 월요일 조회 때마다 외쳤던 '구호'가 생각납니다.

"이상(理想)은 높게 현실은 착실(着實)하게."

생과 사

　있는 그대로의 자기 자신을 사랑하지 않는 사람이 삶을 사랑하
는 경우는 불가능하다고 할 수 있습니다. 대부분의 현대인들은 인
생의 경험 중에서 마음에 드는 것만 인정하고 그렇지 않은 것은 부
정하고 거절합니다. 그러기에 "사람들은 자기가 보고 싶은 것만
본다."는 말이 생겨난 것 같습니다.

　고통은 피하고, 자기가 보고 싶지 않은 것은 애써 외면하면서 어
떻게 해서든지 자기만족과 자기안일만을 추구할 때 우리의 모습
이 가정에서부터 직장, 교회, 친구 사이에 이르기까지 폭넓게 확산
되고 있음을 보게 됩니다.

　변화와 위험을 거부할 때 우리는 탐구와 모험을 추구하는 자기
자신을 자주 기만하게 됩니다. 고통을 부정할 때 하나님이 주신 우
리의 힘과 위대함을 모르게 되며, 심지어 우리가 받았던 사랑조차
도 믿지 못하는 자기모순의 함정에 빠지게 됩니다. 위기란 위험인
동시에 기회임에도 불구하고 애써 피하려고만 합니다.

　고통보다 안락을, 새로운 변화보다 익숙한 것을 좋아하는 것은
자연스러운 일이며 어쩌면 본능이라고 할 수 있습니다. 그러나 때

때로 우리의 본능은 지혜롭지 못합니다.

삶은 일반적으로 우리 마음이 선택한 것보다 훨씬 좋은 것을 제공할 때가 많습니다. 왜 그럴까요? 그것은 하나님께서 우리에게 기회와 능력을 주시기 때문입니다. 안락을 뛰어넘을 때 비로소 거기에 주님의 은총과 평강이 임하기 때문입니다.

"나를 부정하고 주님의 십자가를 질 때" 역사는 이루어지는 것입니다. 쉽게, 편하게, 적당히, 하던 대로 하는 곳에 주님의 은혜와 축복이 있을 리가 없습니다. "살고자 하면 먼저 죽어라."라는 경구(警句)도 다 그 때문일 것입니다.

고착(固着)

"고착"을 다른 말로 표현하면 '버릇'이라고 할 수도 있습니다. 우리나라 속담에 "세 살 버릇 여든까지 간다"라는 말이 있듯이 사람이 한 번 버릇에 길들여지면 그 굴레에서 벗어나기 힘듭니다.

요즘 들어 자주 쓰는 말 중에 '트라우마(trauma)'라는 단어가 있습니다. 이 말은 영구적인 정신장애를 가리키는 의학용어로서, 바로 그 상태에 해당된다고 볼 수 있는 것입니다. 그만큼 나쁜 버릇은 쉽게 고치기 힘든 고질(痼疾)이라고 할 수도 있습니다.

심리학에도 "고착(fixation)"이란 용어가 있습니다. 아이가 그럴 나이가 지났음에도 불구하고 여전히 손가락을 빨고 있으면 '고착 상태'라고 말합니다. 신학 공부를 한 만화가 찰스 슐츠는 유명한 그의 만화 "피너츠(peanuts)"에서 라이너스라는 아이를 등장시키고 있습니다. 이 아이는 안정을 위한 상징으로 언제나 담요 한 장을 들고 다닙니다. 아직도 과거의 안정감에 고착되어 있는 정신적 상태를 그 담요로 상징한 것입니다. 이런 것을 '시큐리티 심벌(Security Symbol)'이라고도 합니다.

한 어른이 라이너스에게 물었습니다.

"너는 커서 대학에 가면 그 담요를 어떻게 할 거니?"

그러자 라이너스는 이렇게 대답합니다.

"이 담요로 운동복을 만들어 입겠어요."

라이너스는 끝까지 그 담요를 버릴 생각이 없는 것입니다.

이처럼 사람이 어떤 고착상태에 빠지게 되면 좀처럼 빠져 나오기가 어렵습니다. 좋게 말하면 '집념'이라고 하는 권장할 만한 일도 있긴 하지만 아직도 유아기적인 사고와 행동(버릇)에 집착하고 있다면 큰 문제가 아닐 수 없습니다.

마찬가지로 크리스천들에게도 영적인 고착상태(Spiritual Fixation)가 있는 것 같습니다. 신앙이 성숙되거나 진전되지 못한 채 아직도 유아기적 습관이나 영적인 고착상태에 머물러 있는 것을 목격할 때면 참으로 답답하고 안타까운 생각이 들기도 합니다. 흔히 '캥거루 족'이니 '코쿤 족'이라 하는, 성인이 다 되어서도 부모의 도움 없이 살 수 없는 미숙아 또는 기생아(寄生兒)를 보는 것 같아 마음이 답답하고 한편으로는 짠하기도 합니다.

옛 사람을 벗어버리지 못하고 타성(惰性)에 젖어 아직도 우유만 마셔대는 영적 고착상태는 참으로 불행한 일이 아닐 수 없습니다. 병아리가 한 번 알에서 부화되고 나면 다시 껍질 속으로 들어갈 수 없듯이 하나님의 자녀들은 새로운 피조물입니다. 옛 습관, 옛 사람에 머물러 있는 영적 고착상태에서 벗어나는 우화(羽化)의 역사가 이루어져야 합니다. 매미가 껍질을 벗고 애벌레에서 '우화'하듯이 우리도 껍질을 벗어내는 변화의 역사를 이루어 내야 하겠습니다.

혼돈(混沌)

"자웅난변(雌雄難辨)"이란 '까마귀의 암수를 구별하기 어렵다'는 말로서 17세기 이덕무(李德懋)의 우음(偶吟)에서 그 뜻을 살펴볼 수 있습니다. 그는 "세간의 옳고 그름이란 것, 까마귀의 암수처럼 분간키 어렵네(世間是與非 難辨雌雄鳥)"라고 말하고 있습니다.

또 정약용(丁若鏞)도 "궁달은 마침내 한 굴의 개미 되니, 시비는 그 누가 나란히 나는 까마귀를 가릴꼬"라고 말하고 있습니다. 즉 개미굴에 수천 마리의 개미가 뒤엉키면 그 암수는 물론 개미의 종류를 구분하는 것 역시 지난(至難)한 일임에 틀림없을 것입니다.

복잡다단하고 그 끝을 예측하기 어렵고, 물질문명의 눈부신 발전과 이에 반비례하는 정신세계의 황폐화는 모든 이들의 가치관마저 혼란시키고 있습니다. 과연 무엇이 정의(正義)이고 무엇이 불의(不義)인지 판단의 기준마저 혼미해진 시대에 우리가 살아가고 있습니다. 1차 산업사회에서 3차 산업사회까지는 비교적 단순명료(單純明瞭)하여 옳고 그름을 판단 짓기에 큰 어려움이 없었지만, 4차 산업사회로 들어서며 물질적 풍요를 누리는 대신 필연의 반대급부인 정신적 혼미로 그 대가를 톡톡히 치루고 있습니다.

옛 시조에 "까마귀 노는 곳에 백로야 가지 마라"라고 해서 혼탁과 타락에 경고를 주었지만 오늘날 그런 한가한 소리는 통할 리가 없습니다. 왜냐하면 그곳, 즉 까마귀가 노는 곳에 가야 이권(利權)과 패거리와 달콤한 꿀송이가 있고, 황홀함과 짜릿함과 모사(謀事)가 있기 때문입니다. 그곳을 거부하는 사람은 바보이고, 재리에 어둡고, 쩨쩨하고, 출세를 포기하거나 답답하고 뒤쳐진 자로 낙인이 찍히기 마련입니다. 그래서 사람들은 무엇이 옳고 그른지는 안중에도 없다는 듯이 너도 나도 앞다투어 까마귀들이 모이는 곳으로 몰려갑니다.

그러나 주님은 역설법(逆說法)으로 강하게 권면하십니다.

"심령이 가난한 자는 복이 있나니 천국이 저희 것임이요 의에 주리고 목마른 자는 복이 있나니 저희가 배부를 것임이요 마음이 청결한 자는 복이 있나니 저희가 하나님을 볼 것임이요 의를 위하여 핍박을 받는 자는 복이 있나니 천국이 저희 것임이라(마 5:3-10)."

그렇습니다. 믿는 자들이 세상의 빛과 소금의 사명을 감당한다는 것은 결코 쉬울 수 없습니다. 이런 혼탁함 속에서 흔들림 없이 주신 사명을 감당했을 때 주님은 "기뻐하고 즐거워하라 하늘에서 너희의 상이 큼이라."라고 약속하시며 우리를 도우시고 격려하십니다.

시련(試鍊)

시련이란 시험이고 연단입니다. 살아 있는 동물과 식물들이 그러하듯 모든 생명체는 시험과 단련을 받은 후 새로운 모습으로 성장하고 변화됩니다. 그 시련을 극복했을 때 생명은 유지되고 변화된 모습으로 새 날을 만나 새 역사를 써 나갈 수 있는 것입니다.

이 지구상에 존재하는 나무들 가운데 세계 최고령의 나무는 미국 서부 시에라네바다 산맥의 브리슬콘 소나무(Bristlecone Pine)로 알려져 있습니다. 이 소나무는 성경에 나오는 최장수자(最長壽者) 므두셀라의 이름을 따서 '므두셀라 파인'이라고 불리기도 합니다.

천 년이 넘는 세월 동안 온갖 풍상(風霜)에 시달리는 바람에 껍질이 다 벗겨져서 마치 고사목(枯死木)처럼 죽은 듯 보이지만 해마다 때가 되면 어김없이 새 잎을 내고 솔방울을 맺어 살아 있음을 증명하고 있다고 합니다.

이에 권위 있는 식물학자가 그 솔씨를 채취하여 인공배양으로 싹을 틔우는 데 성공해서 현재 10여 그루의 아들 브리슬콘 소나무가 건강하게 잘 자라고 있다고 합니다. 우리나라에서도 희귀한 백송(白松)과 정이품 송(正二品 松)의 대를 이을 아들 소나무를 기르고 있으니 참 다행스러운 일이기도 합니다.

문제는 아비의 혈통(?)을 이어 받아 종(種)은 보전이 되었지만 이들이 과연 아비가 살았던 환경에서 잘 적응할 수 있느냐는 것입니다.

브리슬콘 소나무가 자라는 곳은 해발 3천 미터가 넘는 화이트 마운틴(White Mountain) 정상 부근입니다. 그곳은 석회질이 많은 메마른 땅인데다가 거친 바람과 낮은 온도 등 척박하기 이를 데 없는 환경이기 때문에 생육 자체가 힘들고 산소 역시 충분치 못해 열악한 환경이라고 합니다. 따라서 이 소나무는 천 년이 넘도록 자랐음에도 불구하고 키가 20피트 내외라고 합니다. 이 사실을 볼 때 화이트 마운틴이 얼마나 생존하기 힘든 곳인지를 짐작할 수 있을 것입니다.

살아 남기 위한 처절한 투쟁이 그들을 이처럼 강인하게 만들었고 다른 모든 생물들의 평안한 삶보다 오히려 더욱 오래 견딜 수 있는 내성(耐性)을 길러냈습니다. 그러기에 그 아비의 DNA를 물려받은 아들 소나무들이 다른 나무들에 비해 월등한 적응력을 보이는 것입니다. 그러나 평안한 곳에서 그 열악하고 척박한 곳으로 옮겨 심었을 때 이들이 잘 살아 남을 수 있을까요?

사람 역시 마찬가지입니다. 일제 식민지, 6 · 25, 4 · 19, 5 · 18, IMF 등 힘들고 험한 시대를 견뎌왔고, 온갖 박해와 시련 속에 목숨 바쳐 헌신하고 전도하며 믿음을 지켰던 선조들의 인내와 끈질긴 노력이 없었다면 우리는 오늘의 믿음과 평화와 풍요를 누릴 수 없었을 것입니다. 그러기에 우리 선진들은 미래를 짊어질 후진들을 위해 평안과 안일에 힘쓸 것이 아니라 시련을 극복하는 지혜 그리고 인내와 적극적인 삶의 태도를 가르쳐야 할 것입니다.

기본(基本)

중세 이탈리아에 한 소년이 미술의 중심지였던 플로렌스 지방에 미술공부를 하러 왔습니다. 이 소년은 그림뿐만 아니라 노래와 악기를 다루는 데도 탁월한 재능을 가졌습니다. 그래서 많은 사람들은 그의 뛰어난 실력과 재주를 높이 평가하여 항상 이런 말을 했습니다.

"저 아이는 플로렌스에 가도 가장 훌륭한 화가로 인정 받을 거야."

"암, 그렇고말고. 이태리 제일의 화가로 대성할 걸?"

이처럼 소년의 뛰어난 실력과 걸출한 재능을 높이 평가하며 많은 사람들이 이구동성으로 찬사를 보냈습니다.

상당한 세월이 흐른 뒤 소년은 청년으로 성장하였고, 그간에 갈고 닦은 실력을 인정 받아 모두가 대성할 것으로 확신하고 있었습니다. 그러나 웬일인지 그는 날마다 산이나 바닷가를 돌아다니며 뭔가 열심히 기록하고 연필로 가벼운 스케치만 할 뿐 좀처럼 그림을 완성하려고 하지 않는 것이었습니다. 제단에 아름답고 성스러운 성화(聖畵)를 그릴 것을 주문 받아 놓고도 사람들이 보기에 그는 이상한 행동만 하는 것이었습니다. 그래서 교회 성직자들과 성도 대표들이 그간 무엇을 그렸는지 알아보고자 그의 스케치북을 검열하게 되었습니다.

스케치북을 본 모두는 놀라지 않을 수 없었습니다. 그의 스케치북에는 난해하고 이상한 그림들로 가득 차 있었기 때문입니다. 예를 들면, 사람의 경우, 겉모습만이 아니라 근육과 뼈의 생김새까지 그려져 있었고, 새의 날고 앉은 모양새, 뿐만 아니라 각종 사물들의 수많은 움직이는 형체들이 그려져 있었기 때문입니다.

이를 본 사람들은 머리를 좌우로 저으며 한결같이 말했습니다.

"저 사람은 결국 아무것도 그리지 못하고 세월만 축낸 후에 손을 들고 말 거야."

그러나 그는 무엇이든 그릴 대상에 대해 그 본질까지를 알기 전에는 절대로 그림을 그리지 않았다고 합니다.

이 청년의 이름은 레오나르도 다빈치입니다. 모나리자의 미소로도 잘 알려진 그는 비행기의 원리를 개발하고 의학지식과 수학에도 뛰어난 실력을 겸비했던 사람입니다.

바쁜 현대를 살아가는 우리들, 광속으로 쏟아지는 정보의 홍수 속에서 빠르지 않으면 낙오되고 뒤쳐집니다. 그 대열에 편승하려고 모두는 새벽부터 밤늦게까지 매달리며 아우성입니다.

하지만 잘못된 순간의 선택이 멀쩡한 사람을 나락으로 끌어내리고, 정죄하여 폐기처분하려고 듭니다. 하나님이 우리에게 원하시는 것은 '하나님의 진리 외에는 다른 어떤 것으로도 사람을 정죄하지 않는다'는 것입니다.

우리 크리스천들은 자신의 행위가 다른 사람들을 어려움에 빠뜨리는 것은 아닌지 잘 살펴보아야 할 것입니다. 기본에 충실할 것, 바로 주님의 가르침입니다.

십자가 1

아프리카에서 선교와 의료봉사활동을 하던 한 선교사가 하루는 산골 외진 마을을 방문하게 되었습니다. 오지(奧地) 마을이라 변변한 길도 없는 벽촌이라서 그 마을을 찾아가는 일 자체가 무척 힘들고 어려웠지만 기쁜 마음으로 길을 떠났습니다.

그러나 그 마을 입구에는 작은 강물이 흐르고 있었는데 수량이 풍부하고 물살이 몹시 거센 상태라 쉽사리 건너갈 용기가 생기지 않아서 한참을 망설이고 있었습니다.

바로 그때, 서너 명의 원주민들이 나타나더니 주변에서 큼직한 돌들을 주워서 하나씩 머리에 이고 천천히 강물로 들어서서 한걸음씩 조심스럽게 앞으로 나아가는 것이었습니다. 선교사는 그 모습이 신기하여 제일 나중에 물에 들어서는 사람에게 물었습니다.

"아니, 물살이 세어서 그냥 건너기도 힘들 텐데 그렇게 무거운 돌을 일부러 머리에 이고 가는 이유가 무엇입니까?"

그러자 그 원주민은 이렇게 대답했습니다.

"물살이 세기 때문에 혼자서 물을 건너가다가는 자칫 떠밀려 저 아래 큰 폭포로 떨어질 위험이 있어요. 하지만 이렇게 무거운 돌을 머리에 이고 가면 다리에 무게가 실려서 중심이 잘 유지되기 때문에 사고를 예방할 수 있거든요."

"아하! 그렇군요."

그 말을 들은 선교사도 큰 돌을 골라서 머리에 이고 천천히 물길을 헤치며 무사히 강 건너편에 도착하게 되었습니다.

우리가 세상을 사는 동안 늘 급류와 같은 사회 풍조가 밀려와서 우리를 휩쓸어 가려고 합니다. 이런 급류에 휘말리지 않고 우리의 목적지까지 무사히 도착하려면 우리를 지탱해 줄 힘이 필요합니다. 그렇다면 가장 효과적이고도 유용한 힘은 무엇일까요? 십자가, 바로 그것입니다. 십자가가 무거운 짐이 될 것 같지만 결국은 십자가가 우리를 지탱해 주는 힘이 됩니다. 우리도 자신에게 주어진 십자가를 기쁨으로 지고 가는 삶을 살아갑시다.

십자가 2

사람은 누구나 죽음 앞에 서면 극심한 공포를 느끼게 되어 있습니다. 분신자살을 시도하는 초월적 정신을 가지고 있다는 수도승들도 죽음을 과감히 실행은 하지만 역시 죽음의 공포는 마찬가지라고 합니다. 난생 처음 번지점프대 앞에 선 사람의 공포가 이와 유사하지 않을까 생각해 봅니다.

이에 비하면 예수님의 십자가 고통은 얼마나 심하셨을까요? 물 한 방울, 마지막 남은 피 한 방울까지 다 쏟기까지 그 기나긴 시간을….

1883년 네덜란드에서 실제로 인체 실험을 통하여 이를 증명한 바 있습니다. (사형수의 동의 하에) 사람의 출혈량과 인간이 느끼는 공포감과의 상관관계를 측정해서 아래와 같은 결과를 얻게 되었다고 합니다.

의사는 사형수에게 이렇게 알려 주었습니다.

"보통 사람은 3시간 정도 버티고, 건강한 사람은 좀 더 버틸 수 있습니다."

그리고 이렇게 덧붙였습니다.

"1시간마다 한 번씩 종을 울려서 알려 줄 것이며, 3시간이 지난 후에는 5분마다 알려 주겠습니다."

곧이어 실험이 시작되었습니다.

의사들은 사형수의 눈을 가리고 실험용 침대에 그를 눕힌 다음 그의 팔뚝에 링거를 꽂아 혈액이 한 방울씩 양동이에 떨어지게 했습니다. 그리고 6번의 종이 울리자 사형수는 고통스러운 표정을 멈추면서 숨을 거두었습니다.

그런데 사실 사형수는 피 한 방울도 흘리지 않았습니다. 다만, 사형수에게는 그냥 혈액과 비슷한 점도와 온도를 가진 액체가 떨어지는 소리를 들려줌으로써 자신의 혈액이 외부로 빠져 나가고 있다고 생각하게 한 것이 전부였습니다. 사형수는 출혈 때문이 아니라 극도의 불안과 공포, 엄습하는 죽음의 절망감에 스스로 죽어 갔던 것입니다. 자신이 보통 사람보다 건강하고 의지가 있다는 믿음이 15분 정도를 연장한 것뿐입니다.

주님은 우리를 위해 희생하시고 고난을 당하셨습니다. 못질을 당하고 창에 찔리는 고통 속에서도 그들을 용서하고, 아버지의 뜻을 온전히 이루셨던 위대하고 고귀한 주님의 참사랑을 새삼 깨닫게 됩니다. 공포와 전율의 대상이었던 십자가를 가장 성스럽고 가장 자랑스러운 사랑의 도구로 승화시키신 주님이야말로 참 하나님이시며 참 사랑이시고 참 은혜의 징표이십니다.

십자가 3

십자가(十字架)는 우리 기독교의 상징입니다. 어찌 보면 친근감
이 느껴지기도 하고, 또 어찌 보면 섬뜩하면서도 숙연해지기도 합
니다.

또한 십자가는 가장 단순하면서도 그 어떤 형구(刑具)보다 잔인
한 형틀임을 새삼 깨닫게 됩니다.

예수께서는 인간이 당하는 죽음 중에서도 가장 수치스럽고 고
통스러운 십자기의 형벌을 받으셨습니다. 빌라도가 "이 사람을 어
떻게 하랴?"라고 했을 때 사람들은 "십자가에 못 박으소서."라고
외쳤습니다.

그러나 주님께서는 그들을 용서하셨습니다. "저들은 자기의 죄
를 모르는 자들…."이라고 하시면서 십자가의 고통을 감내(堪耐)하
셨습니다. 그것이 하나님의 뜻이었기 때문입니다.

제단(祭壇)을 생략한 속죄(贖罪)는 있을 수 없는 것입니다. 예수
님은 죽어야만 했습니다. 그 길만이 하나님의 뜻을 이루는 길이
요, 아들의 길이요, 구세주의 길이었기 때문입니다. 그리고 거기

에 따르는 부활과 생명은 하나님의 명령에 순종한 보상(補償), 곧 은혜인 것입니다.

크리스천의 행복이란 십자가가 주는 기쁨이라고 할 수 있습니다. 주님께서 지신 십자가를 생각하며 감사할 뿐만 아니라 자신도 그 주님과 힘께 구체적인 십자가를 질 때 은혜에 대한 진정한 기쁨을 맛볼 수 있으며, 십자가가 가볍게 느껴질 때가 은혜 받은 때인 것입니다. 그것을 바라보기만 하는 자는 그 행위를 어리석은 것이요, 부끄러운 것이요, 후회만 남는 것으로 여기지만 십자가를 짊어진 자에게는 그것이 자랑과 기쁨과 영광이 되는 것입니다.

"No cross No crown(노 크로스 노 크라운)."이라는 말이 있습니다. 십자가(cross) 없는 왕관(crown), 즉 십자가 없는 면류관은 있을 수 없다는 뜻입니다.

우리 모두 주님의 고난에 동참하며 십자가의 의미를 되새겨 봅시다.

관용(寬容)

　매주, 성당에서 신부(神父)를 보좌하여 주일 미사를 준비하는 소년이 있었습니다. 하루는 소년이 신부를 도와 정성스레 성찬(聖餐)을 준비하던 중 그만 실수로 포도주를 담은 그릇을 떨어뜨리고 말았습니다. 포도주는 카페트를 붉게 물들였고 바닥을 더럽혔습니다.

　몹시 화가 난 신부는 소년의 뺨을 후려치면서 성난 눈빛으로 고함을 쳤습니다.

　"이런 멍청이 같으니! 그까짓 일조차 변변히 못하다니! 너 같은 놈은 필요 없으니 다시는 제단 앞에서 얼씬도 마라!"

　그후로 소년은 두 번 다시 성당을 찾지 않았습니다.

　훗날 소년은 공산주의자가 되었습니다. 그가 바로 공산국가인 옛 유고연방(유고슬라비아)의 티토 대통령입니다.

　또 다른 성당에서도(미국) 이와 비슷한 일이 있었습니다.

　티토처럼 성당에서 신부의 수발을 들던 이 소년도 실수로 성찬식을 위해 준비한 포도주를 엎지르고 말았습니다. 당황하여 어쩔 줄 모르고 서 있는 소년에게 신부는 온유한 눈빛으로 소년의 머리를 쓰다듬으며 인자하게 말했습니다.

"염려하지 마라. 내가 너만 했을 때 너처럼 포도주를 쏟은 적이 있단다. 그런데 지금 이렇게 신부가 되었지 않겠니?"

그후, 소년은 장성하여 타의 모범이 되는 훌륭한 신부가 되었습니다. 그가 바로 세계 가톨릭의 최고 지성으로 불리는 미국의 풀톤 J. 쉰 대주교입니다.

사람이 살다 보면 본인의 의지와는 달리 여러 상황 속에서 뜻하지 않은 실수를 하게 됩니다. 그러나 그 실수를 대범하게 눈 감아 주는 사람과 그 잘못을 들추어서 체벌을 하고 자기 성질을 못 이겨 화풀이를 하고 용서에 인색(吝嗇)한 사람들이 있습니다.

포도주의 향과 맛은 그 포도주가 담긴 항아리의 질에 따라 달라진다고 합니다. 아량이 넓은 인자(仁慈)의 마음에 담긴 포도주는 그 맛과 향이 좋을 것이고, 그렇지 않은 사람의 마음에 담긴 포도주는 그 가치를 상실하여 본래의 맛을 잃을 것입니다. 관용(寬容)은 향기롭게 숙성(熟成)시키는 항아리이기 때문입니다.

바보들

옛날 어느 마을에 바보 삼형제가 살았습니다.

하루는 이들 삼형제가 세상 구경 길을 떠났습니다. 산천경계를 구경하며 이곳저곳 한가롭게 거닐다가 어느 동굴 앞에 이르게 되었습니다. 그 동굴 앞에는 작은 팻말이 하나 서 있었는데 거기에 이런 글이 적혀 있었습니다.

"이곳은 침묵의 동굴입니다. 이 안에서 말을 하는 사람은 다 죽습니다."

"그것 참 재미있겠다."라며 서로 떠들던 삼형제는 동굴 입구에 들어서면서 입을 꼭 다물었습니다.

한참을 걷고 있던 순간, 철이 없는 막내 걱정이 앞선 첫째가 막내 곁으로 다가서며 작은 소리로 이렇게 주의를 주었습니다.

"막내야, 이 안에서 말하면 죽는단다. 그러니 입 꼭 다물고 걷기만 해라. 알았지?"

그 말을 마치자마자 첫째가 그 자리에서 쓰러져 죽고 말았습니다. 그 모습을 보고 있던 둘째가 깜짝 놀라며 큰소리로 외쳤습니다.

"막내야, 너 봤지? 여기서 말을 하면 저렇게 죽는 거야. 그러니 절대 말을 하면 안 돼."

막내가 놀라서 형을 부축할 겨를도 없이 둘째도 그 자리에서 곧 죽고 말았습니다. 이 황당한 모습을 지켜보던 막내가 혼잣말로 이렇게 중얼거렸습니다.

"나는 아무 말도 안 할 거야."

이 말을 남기고 셋째도 죽고 말았습니다.

세상에서 제일 답답한 사람은 어리석은 사람입니다. 무식해서 어리석음을 저지르기도 하지만 자기의 어리석음을 깨닫지 못하고 자기주장만 고집하는 편집증 증후군을 가진 자들입니다. 여기에 자신의 소신까지 플러스가 되면 이보다 더한 골칫거리가 없는 것이지요.

그 옛날 예수님 당시의 서기관과 바리새인들이 그랬습니다. 그들은 무조건 자기들만이 옳고 바른 믿음을 갖고 있다고 확신했습니다. 그들은 선지자들을 훼방하고 핍박했으며 주님마저도 십자가에 못 박았습니다. 그러면서도 그들은 그것이 옳은 길이라고 생각했습니다. 바울 역시 그랬습니다. 잘못된 믿음과 확신이 어리석음이었다는 사실을 깨닫지 못했던 바보들이었기 때문입니다. 그들은 천국 문 앞을 가로막고 자기도 들어가지 않고 남들도 못 들어가게 막은 자들입니다. 그러나 바울은 하나님의 은혜로 주님을 만나고 나서 변화 받고 새 사람이 되었습니다.

허세(虛勢)

옛날 제나라에 안자(晏子)라는 어진 정승이 살고 있었습니다. 그에게는 나라에서 붙여 준 마부(馬夫)가 한 사람 있었습니다. 이 마부는 나라에서 녹(祿)을 받고 있었으나 그 성정이 거만하여 주인을 모시고 행차 길에 나서면 거드름을 피우며 자기가 정승이나 되는 양 허세(虛勢)를 부렸습니다.

그러나 정승(政丞)인 안자는 임금이 자기에게 말과 말구종(馬夫)까지 내어 주어 편히 다닐 수 있게 해 준 것을 늘 감사하고 또 송구스러워 했습니다. 특히 길에서 노인이 걸어가는 것을 보면 더욱 송구한 마음이 들어서 안절부절 못했습니다. 그러다 보니 안자는 말을 타면 허리를 아래로 굽히는 습관이 생겼다고 합니다.

어느 날, 마부의 아내가 길을 가다가 우연히 안자의 행차를 만나게 되었습니다. 그런데 정승인 안자는 말을 타고서 몸을 앞으로 굽히고 황송스런 모습으로 앉아가는데, 마부인 자기 남편은 오히려 고개를 뒤로 젖히고 허리를 세운 채 거들먹거리고 가는 것이었습니다. 아내는 마부인 주제에 허풍을 떨며 걸어가는 남편의 모습에 오히려 자기 얼굴이 화끈거렸습니다.

그날 밤, 집에 돌아온 남편에게 아내는 이렇게 말했습니다.

"여보, 오늘 내가 우연히 길에서 정승님의 행차를 보게 되었어요. 정말 훌륭하고 겸손한 어른이시더군요."

"그래? 그럼 임자, 나도 봤겠네? 어땠어? 나 멋있었지?"

"여보, 안자는 정승이라도 몸가짐이 겸손해 보이는데, 마부인 당신은 정승처럼 으스대며 거만을 부리니 참 보기에 민망합디다."

벌쭘해진 마부는 변명할 말이 없어 부인을 똑바로 쳐다보지도 못하고 하릴없이 담배만 뻑뻑 빨아대고 있었습니다.

"나라에서 녹을 받고 있는 당신이 백성들 앞에서 교만해서도 안 되겠지만, 또 모시는 정승님에게 당신의 행동이 크게 누를 끼치지 않겠어요?"

아내의 말에 마부는 변명의 여지가 없었습니다.

고개를 숙인 채 한참을 생각에 잠겨 있던 마부는 벌떡 일어나 이렇게 말했습니다.

"알겠소. 당신 말을 듣고 보니 부끄럽기 짝이 없구려. 내 이제부터 임자의 말대로 조심하리다."

다음날부터 마부는 180도 달라진 겸손한 사람이 되었습니다.

'언제까지 이러나 보자.' 하고 기다리던 안자는 마부의 태도가 달라진 사정을 듣고, 마부의 아내를 칭찬하면서 계속 주의 깊게 살피다가 그런 현숙한 아내를 두고 있는 마부가 다시는 실수하지 않을 것이라고 생각하여 임금에게 추천하여 대부라는 벼슬을 받게 해주었다고 합니다.

교만(驕慢)

어느 날, 알렉산더 대왕이 평민 복장을 하고 민정 시찰을 나섰습니다. 한참을 이곳저곳 살피고 돌아다니던 알렉산더 대왕은 우연히 한 사람을 만났습니다. 그는 눈을 내리깔고 오만한 표정을 지으며 반쯤 누운 자세로 앉아 있었습니다. 알렉산더 대왕은 그 사람에게 다가가 넌즈시 말을 걸었습니다.

"보아하니 꽤 신분이 높은 군인이신 것 같은데 혹시 소위이십니까?"

그러자 그 사람은 불쾌하다는 듯이 검지손가락을 위로 치켜들며 "좀 더!"라고 대답했습니다.

"그럼 중위이신가요?"

"아니, 좀 더!"

"그럼 소령? 아니면 중령이신가요?"

이에 그는 짜증스럽다는 듯이 "아니, 좀 더!" 하고 큰소리로 외쳤습니다.

"그럼 소장이시군요."

"아니, 좀 더라니까!"

그는 몸을 거만스럽게 일으키며 눈살을 찌푸렸습니다.

"아~ 그럼 중장이시군요?"

그제서야 그는 만족한 듯 "그렇소. 이제 알겠소?"라고 말했습니다.

이번에는 그 중장이란 자가 자기 앞에 선 알렉산더 대왕을 아래위로 훑어보더니 거만한 말투로 묻기 시작했습니다.

"가만히 살펴보니 당신도 군인인 듯한데, 그럼 소위쯤 되시우?"

그러자 대왕은 조금 전 그 중장이 했던 것처럼 대답했습니다.

"좀 더!"

"그렇다면 중위나 대위쯤?"

"아니, 좀 더!"

"그럼 중령이나 대령쯤 되시오?"

"좀 더!"

이에 불안해진 중장은 옷깃을 여미고 공손한 말투로 "그럼 소장이나 중장쯤 되십니까?" 하고 물었습니다. 이에 알렉산더 대왕은 입가에 미소를 머금으며 "기왕이면 좀 더 쓰시지!" 하고 대답했습니다.

점차 불안을 느낀 중장은 작은 목소리로 다시 물었습니다.

"혹 대장님이십니까?"

"어허, 좀 더 쓰라지 않는가?"

이에 얼굴이 새파랗게 질린 중장은 코가 땅에 닿도록 알렉산더 대왕 앞에 엎드려 울먹이는 목소리로 외쳤습니다.

"폐하! 소인이 죽을 죄를 지었사오니 용서하여 주시옵소서."

알렉산더 대왕은 그제야 엄한 표정을 지으며 중장에게 말했습니다.

"앞으로는 교만하여 방자하거나 어리석은 짓을 삼가도록 하라."

옛 말에 "말 탄 정승보다 말구종이 행세한다"라고 했습니다. 오늘날도 이런 현상은 비일비재합니다. 한 자리쯤 차지하면 마치 천하가 자기 것인 양 호기를 부리고 교만스레 행세하는 자들이 세상에는 넘쳐나고 있습니다. 모두가 안중에 없다는 듯 행동하는 사람들이 우리 주위에는 의외로 많습니다. 그런 사람들은 대부분 나무만 보고 숲은 볼 줄 모릅니다. 그리고 그것이 얼마나 어리석고 유치하며 위험한 것인가를 잘 모르고 있습니다. 이 역시 우리에게 주는 큰 교훈입니다.

용서(容恕) 1

신약성경의 바울 서신 중에 "빌레몬서"가 있습니다. 빌레몬서의 내용을 한마디로 요약하면 '용서'입니다.

오네시모는 빌레몬의 노예였습니다. 그는 주인집에서 많은 재물을 훔친 후 로마로 도망갔는데 그곳에서 바울 사도를 만나 주님을 알게 되었고, 새 사람으로 변화되었습니다. 그러나 당시의 로마 노예법은 엄격하고 가혹했으므로 그의 죄가 발각되면 구제 받을 수 없는 형벌을 받게 되어 있었습니다.

하지만 바울은 오네시모의 주인인 빌레몬에게 용서를 구하는 편지를 쓰며 "상전과 노예의 관계를 초월하여 그리스도 안에서 한 형제로서 용서하라."고 부탁합니다. 이런 일이 어떻게 가능할까요? 그것은 그 바탕에 주님의 사랑이 깔려 있기 때문입니다.

인도에서 '용서란 과연 어떤 것인가?'를 생각하게 하는 사건이 있었습니다.

인도에서 열정적으로 선교활동을 하던 스탠리 존스 박사가 어처구니없는 황당한 일을 당하게 되었습니다. 교회로부터 재정 지원을 받던 교인이 교회의 여러 어려운 사정으로 재정 지원이 끊기자 각종 험담을 퍼뜨리며 존스 박사를 헐뜯는 것이었습니다. 참다 못한 존스 박사는 그 사람에게 편지를 썼습니다.

"당신은 처음은 괜찮은 사람이었고, 중간은 확실치 않은 사람이었으며, 나중은 못된 사람임을 알았소이다."

이렇게 쓴 후 편지를 보내기 전에 친한 친구에게 보여 주며 의견을 물었습니다. 그러자 그 친구는 그 편지를 읽고 나서 이렇게 말했습니다.

"그 사람의 마음을 돌이키기에는 조금 부족하군."

친구로부터 충고를 들은 존스 박사는 잠시 생각을 가다듬고 기도했습니다. 그랬더니 하나님께서 이런 깨달음을 주셨습니다.

"이 상황에서 필요한 것은 그를 정죄하는 것이 아니라 주안에서 서로의 마음을 돌이키는 것이다."

그래서 그는 분노한 상태에서 썼던 편지를 찢어 휴지통에 버리고 마음을 가라앉혔습니다. 그리고 자기가 먼저 손을 내밀어 그를 용서하고 포용의 자리를 만들어 나갔습니다.

우리는 간혹 감정싸움에 휘말려 크리스천으로서의 인격과 공동체의 화목을 깨뜨릴 때가 있습니다. 분노와 정죄는 잠시 감정을 잠재우고 분풀이로 감정폭발을 억누를 수 있을지는 몰라도 인간관계의 중요한 연결고리를 끊어버리게 됩니다.

용서는 하나님과 사람, 사람과 사람을 이어 주는 연결고리입니다. 우리는 일시적인 흥분과 분노를 억누르고 용서하는 마음을 달라고 기도해야 합니다.

　용서는 관용이고 또 사랑입니다. 사랑이 없으면 용서도 없습니다. 우리 서로 사랑합시다.

용서(容恕) 2

요셉처럼 주인에게 절대적인 신뢰와 인정을 받고 있는 젊은 노예가 있었습니다.

어느 날, 주인은 그 젊은 노예를 데리고 노예시장으로 나갔습니다. 그리고 젊은 노예에게 말했습니다.

"네가 원하는 노예가 있느냐? 있으면 내가 너에게 선물로 주마."

이 말을 듣고 젊은 노예는 쇠사슬에 묶여 있는 많은 노예들을 한참 둘러보더니 한쪽 구석에 초췌한 모습으로 웅크리고 앉아 있는 늙은 노예를 가리키며 말했습니다.

"주인님, 저기 구석에 있는 저 노예를 저에게 주십시오."

"그래? 네가 원하는 것이니 그 노예를 사주도록 하지."

젊은 노예는 늙은 노예를 집으로 데리고 와서 자기 부모를 대하듯 극진히 보살펴 주었습니다.

꽤 시간이 흐른 후, 주인이 젊은 노예를 불렀습니다. 주인은 그 늙은 노예가 자기가 사랑하는 젊은 노예의 아비이거나 친척이겠거니 생각하며 물었습니다.

"저 늙은 노예와 너는 어떤 관계가 있느냐?"

그러자 젊은 노예는 한참을 망설이더니 이렇게 대답했습니다.

"사실, 저 사람은 나와 내 부모를 떼어서 각각 다른 곳으로 팔아넘긴 저의 전 주인입니다."

"뭐라고?"

젊은 노예의 말을 듣고 주인이 놀라서 다시 물었습니다.

"그런데 어찌하여 원수 같은 저 노인을 그처럼 극진히 보살피느냐?"

이에 젊은 노예는 이렇게 대답했습니다.

"평생 원망하며 원수로 살 수는 없지 않겠습니까? 차라리 이렇게 돌봐야 제 마음이 편하고 행복할 것 같아서 그렇습니다."

그 이야기를 엿듣고 있던 늙은 노예는 뜨거운 참회의 눈물을 흘렸다고 합니다.

용서는 궁휼히 여기는 마음과 용기가 있는 자라야 실행할 수 있는 것입니다. 따라서 복수(復讐)보다 용서(容恕)가 더 어려운 것입니다.

용서(容恕) 3

　　일본의 유명한 작가 이츠키 히로유키가 쓴 『살아가는 힌트 3』이라는 책에 보면 성격 때문에 젊은 나이에 죽은 사람의 이야기가 나옵니다. 머리도 좋고, 의지도 강하고, 결단력도 있고, 건강에도 관심이 많아 건강식을 즐기고, 술 담배도 하지 않고, 꾸준히 태극권으로 몸을 단련하던 사람이 어느 날, 암 선고를 받고 불과 6개월 만에 죽는다는 이야기입니다.

　　책에 인용된 그 사람과 작가의 대화 중 이런 내용이 있습니다.

"나는 아무리 늦게 귀가를 해도 반드시 일기를 쓴다네."

"대단하군! 매일 쓸 것이 있다니."

"물론 있지! 어떤 날이건 용서할 수 없는 일은 있으니까."

"용서할 수 없는 일?"

"그럼, 절대로 용서할 수 없는 일이 있거든. 오늘 만났던 어떤 사람, 어떤 일을 도무지 용서할 수 없다고 생각하면 잠이 오지를 않는 거야. 그러나 일기에 쓰고 나면 마음이 조금은 편해지지. 매일 몇 십 년간 썼으니 일기장도 엄청난 양이라네."

"그렇게 살다가는 자넨 오래 살지 못할 걸?"

작가의 말은 유감스럽게도 적중하고 말았습니다.

원망, 분노, 원한을 되새김질하여 일기에 써야 직성이 풀리던 사람이었기에 분노(憤怒)라는 독이 결국 그의 몸속에서 암을 만들고 있었던 것입니다.

사람이란 누구나 잘못을 저지르기 마련입니다. 나 역시 다르지 않다고 생각해 보는 것은 어떨까요? 자기의 잘못에 대해 관용(寬容)의 마음을 갖듯 타인의 잘못에 대해서도 한 번 더 기회를 주거나 역지사지(易地思之)의 마음을 갖는 '용서하는 연습'을 해보는 것은 어떨까요?

"비인이면 불인이요 불인이면 비인이다(非人不忍 不忍非人)."라는 말이 있습니다. 즉 사람이 아니면 참지 못하고 참지 못하면 사람이 아니라는 뜻입니다. 동물은 본능에 의해 즉시 반응합니다. 그렇기 때문에 참지 못하며, 또한 참을 만한 지능이 없는 것입니다. 따라서 사람만이 참을 수도 있고, 상대의 형편을 헤아려 참을 수도 있는 것입니다.

용서(容恕) 4

금혼식(金婚式)을 맞은 노부부가 있었습니다. 이날 행사에 참석한 하객 중 한 사람이 노부인에게 물었습니다.

"50년 동안 이처럼 금슬(琴瑟) 좋게 해로(偕老)할 수 있었던 비결이 무엇인가요?"

그러자 노부인이 웃으며 답했습니다.

"결혼식 때 행복한 결혼생활을 위해서 내가 남편을 용서할 수 있는 열 가지 목록을 만든 것이었습니다."

"아~ 그러셨군요."

금혼식이 끝나갈 무렵, 한 젊은이가 노부인을 찾아와 말했습니다.

"저어, 결혼생활에 문제가 있어서 찾아왔습니다. 아까 말씀하신 열 가지 목록을 알려 주실 수 없을까요?"

그러자 노부인은 눈을 내리깔고 부끄러운 듯 미소를 지으며 대답했습니다.

"남편이 크게 잘못을 저질러서 나를 화나게 하면 나는 이렇게 생각했답니다. '그래, 다행이야. 이번 일도 그 열 가지 속에 들어 있었던 거야.'라고 말입니다."

지혜(智慧) 1

어느 나라의 왕자가 사냥을 하러 성 밖을 나갔다가 아름다운 여인을 보게 되었습니다. 왕자는 성에 돌아온 뒤에도 계속 그녀의 모습이 떠올라 마음이 들떴습니다. 눈을 감으면 그 매혹적이고도 사랑스런 모습이 자꾸 생각나고 지워지지 않았습니다.

왕자는 마음속으로 결심했습니다.

'어떤 수를 써서라도 그녀를 내 여자로 만들겠다!'

문제는 "어떻게 해야 그녀가 나를 사랑할 수 있게 할 수 있을까?"였습니다.

궁즉통(窮卽通)이라고 고심에 고심을 거듭하다 보니 세 가지 방법이 떠올랐습니다.

첫 번째 방법은 자기의 권세와 위엄을 이용하는 방법이었습니다. 수많은 신하를 거느리고 여인에게로 가서 왕자로서의 위엄을 갖추어 구혼하는 방법입니다. 그러면 그녀도 감히 거절하지 못할 것입니다.

그러나 이 방법을 쓰게 되면 그녀가 혹 왕자를 사랑하지 않는다 해도 왕자의 권위나 그 위세를 거역할 수 없어서 마지못해 결혼을 승락할 수밖에 없을 것입니다. 그래서 왕자는 이 방법을 쓰지 않기로 하고 그 다음 방법을 생각해 보기로 했습니다.

두 번째 방법은 자기의 찬란한 영광과 미래의 호사스러움을 보여 주는 것입니다. 즉 그녀를 왕궁으로 초대해서 화려한 궁전과 왕의 권위와 호사의 극치를 보여 줌으로써 장차 자기가 왕위에 오르게 되면 그녀가 왕비로서 누리게 될 호사와 영광을 꿈꾸게 하여 승낙하게 할 것을 염두에 둔 것입니다.

그러나 곰곰이 생각한 끝에 왕자는 이 방법도 쓰지 않기로 결론을 내렸습니다. 그녀의 지적이고 고상한 품격에서 그런 물질적 향락을 추구할 사람이 아닐 거라는 확신이 들었기 때문입니다.

그래서 왕자는 마지막 방법으로 그녀와 눈높이를 맞추는 삶을 살기로 결정했습니다. 목동으로 변장을 하고 여인의 동네로 이사를 해서 그들과 함께 똑같은 삶을 살기로 한 것입니다. 왕자는 기회가 되는 대로 자신의 진정한 사랑을 보여 주고, 또 그녀가 자기를 진심으로 사랑하는지를 확인해 보기로 한 것입니다.

사랑은 권위나 물질이나 허영에 있는 것이 아니라 진정성에 있습니다.

지혜(智慧) 2

재덕(財德)을 겸비한 한 아버지가 지혜롭고도 슬기로운 자부(며
느리)를 얻기 위하여 이런 소문을 냈습니다.

"장성한 우리 장남의 배필이 되기를 원하는 규수(閨秀)들은 이달
말까지 참여하시오."

그러자 원근 각 지역에서 아름답고 젊은 처녀들이 구름 떼처럼
몰려들었습니다. 아버지는 말했습니다.

"자, 내가 오늘 여러 처자들에게 숙제를 하나 내겠소. 이 문제
를 가장 슬기롭게 풀어온 처녀를 내 아들의 배필로 삼을 것이오."

아버지는 하인들을 시켜서 각자에게 쌀 한 되씩을 나누어 주게
했습니다.

'이게 뭐야? 이걸로 뭘 어쩌라는 건가?' 하며 모두들 당황해 하고
있는데, 다시 아버지가 말했습니다.

"처자들은 이 쌀 한 되로 한 달을 먹고 살다가 돌아오시오. 혹 다
른 방법으로 배를 채우거나 훔치는 등의 눈속임은 일절 용납치 않
을 것이니 그리들 아시오."

"겨우 쌀 한 되로 어떻게 한 달을 살란 말이야?"

그곳에 모인 처녀들은 모두 볼멘소리를 하며 돌아갔습니다.

한 달 후, 약속된 날이 되자 처음 모였던 사람의 절반도 못 되는 인원이 파리한 얼굴들로 모여들었습니다. 한 달 동안 죽 한 그릇도 제대로 먹지 못한 그들은 대다수가 영양실조에 걸려 얼굴이 야위어서 몰골이 말이 아니었습니다. 물론 아예 포기하고 불참한 사람은 그 대상에도 끼지 못한 것입니다.

그런데 한 처녀만은 홍조 띤 얼굴에 화색이 만연하고 건강미가 넘쳐서 더욱 아름다움이 돋보였습니다. 그래서 아버지는 그 처녀에게 물었습니다.

"정녕 처자는 내가 준 쌀 한 되만으로 한 달을 살았겠다? 그게 정말이렸다?"

"예, 그러하옵니다. 뿐만 아니라 저기 뒤에 있는 부대에 한 말의 쌀까지 늘려 가지고 왔습니다."

그곳에 모인 사람들은 눈이 휘둥그레지며 놀랐습니다.

"아니, 열흘 먹기도 힘든 쌀을 가지고 배불리 먹고도 이처럼 열 배로 늘려왔다고? 이건 분명 눈속임을 한 거야. 그래, 틀림없어."

모두는 지레짐작을 하거나 험담들을 하면서 수군거렸습니다.

이때, 웅성거리는 주위를 획 돌아본 처녀는 당당하게 큰 소리로 말했습니다.

"저는 쌀 한 되를 가지고 떡을 만들어 팔아서 한 달을 먹고 살았으며, 장사를 열심히 해서 쌀 한 말의 이익을 남겼기에 가지고 온 것입니다."

그러자 소요(騷擾)는 순식간에 잠잠해졌고, 처녀의 자세한 설명을 들은 아버지는 크게 감동된 표정으로 이렇게 말했습니다.

"처자야말로 내가 원하던 자부(子婦)감이로다. 앞으로 내 집 살림 전체를 책임지고 관리해 나갈 충분한 슬기와 지혜를 갖추었으니 가문의 영광이로다."

아버지는 그 처녀를 며느리로 삼았습니다.

지혜(智慧) 3

김 회장은 머리카락이 다 빠져서 늘 모자를 쓰고 다녔습니다. 하지만 그 모자는 체크무늬 헌팅캡(사냥모)으로서 양복에는 잘 어울리지 않아서 남들이 보기에 좋아보이지 않았습니다. 김 회장을 모시는 전무는 큰맘 먹고 김 회장에게 말했습니다.

"회장님, 이왕이면 도리우치(사냥모=일본어)보다 중절모를 쓰시면 어떨까요? 그것이 멋도 있고 점잖아 보이기도 한데….."

그러자 회장이 깜짝 놀라며 말했습니다.

"왜요? 내가 쓰고 다니는 모자가 뭐 어때서요? 스포티하고, 또 젊어보여서 좀 좋아요?"

그후로도 전무는 기회 있을 때마다 조심스럽게 진언을 드렸으나 김 회장은 막무가내였습니다.

그러던 어느 날, 회사 조회시간에 김 회장이 훈시를 하려고 입장하는데 뒤에서 킬킬거리며 웃는 소리가 들렸습니다. 뒤를 돌아보았더니 전무와 상무, 이사들이 줄줄이 헌팅캡을 쓰고 자기 뒤를 따라오는 것이 아니겠습니까!

"아니, 당신들은 왜 전부 '도리우치'를 썼습니까? 거 보기 싫으니 다 벗으세요. 점잖치 못하게!"

"회장님, 저희는 그저 회장님이 좋다고 하시기에 따랐을 뿐입니다. 회장님이 좋아하시는 것을 저희들이 따라하는 것이 마땅한 도리라고 생각했기에 그대로 했을 뿐입니다."

김 회장은 그제야 임원들의 의도를 알아차리고 자기가 애용해 오던 헌팅캡을 벗어 버리고, 점잖은 중절모를 썼다고 합니다.

세상을 사는 지혜는 순리를 따르는 것입니다. 무슨 일이든지 억지로는 안 되는 것입니다. 그렇다고 권위에 순종하여 맹목적으로 따르는 것도 문제입니다. 사람이 세상을 살면서 문제가 발생했을 때 상대방의 마음을 상하지 않게 요리하는 슬기와 지혜가 필요한 것입니다.

뿌리 깊은 나무

"뿌리 깊은 나무는 바람에 흔들리지 않고 샘이 깊은 물은 마르지 않을새"

세종 때의 "용비어천가(龍飛御天歌)"에 나오는 구절입니다.

세상을 뒤흔들고 있는 자연재해와 방사능, 구제역과 각종 전염병에 중동사태 등으로 기름 값이 천정부지로 치솟아 물가고로 인하여 단 하루도 평안을 누릴 수 없는 불안과 공포에 시달리는 요즘입니다.

이처럼 불안한 시대를 살고 있는 나약한 인간들은 "하나님은 지금 어디 계시느냐?"고 묻습니다.

결론부터 말한다면 하나님은 어제도 오늘도 항상 우리 곁에 계십니다. 세상이 어떤 식으로 변하고 있든지 하나님은 그 중심에 변함이 없으십니다. 뿌리 깊은 나무처럼 어떤 광풍에도 흔들림 없이 그분의 계획 가운데 섭리하고 계십니다.

시련과 고통이 몰려올 때 우리는 우왕좌왕하면서 갈 길을 잃고 방황하거나 신앙의 중심마저 흔들릴 때가 얼마나 많은지요? 하지만 하나님께서는 처음과 끝이 항상 동일하심을 확인할 수 있습니다.

위기와 혼란기 일수록 우리는 성경으로 돌아가야 합니다. 그건 곧 기도의 중요성을 재발견할 수 있기 때문입니다. 따라서 하나님 말씀에 바로 서지 못하고 하나님과의 기도의 통로가 끊겨지면 우리는 가야 할 방향성을 잃게 되고 맙니다. 하나님과의 소통이 끊어지면 우리는 세상에 난무하는 각종 유언비어나 혹세무민(惑世誣民)하는 자들의 온갖 사술(詐術)에 사로잡힌 바 되어 사망의 지름길로 빠르게 휩쓸려 가고 말 것입니다.

보좌의 중심을 바라봄으로써 믿음의 실체를 붙잡게 되며 생명의 길로 인도될 수 있는 것입니다. 쓰나미가 쓸고 가는 엄청난 재앙 속에서도 큰 나뭇가지를 붙들고 살아나듯이 우리는 하나님의 말씀을 붙들어야 합니다.

가끔씩 우리는 영적으로 혹은 철학적으로 아주 치열한 내적(內的) 전쟁을 치를 때가 있습니다. 이런 때에 하나님이 다스리는 곳, 우리 중심의 비전은 다른 어디에서도 발견할 수 없는 유리한 고지를 제공하는 것입니다.

이와 같은 신앙적 정체성을 유지할 때 우리는 요동하지 않을 것입니다.

연륜(年輪)

똑똑한 것과 영리한 것, 유식한 것과 현명한 것은 비슷해 보이지만 같은 것이 아닙니다. 어려운 시절을 살아오신 못 배운 노인들이 오히려 많이 배우고 영특한 젊은이들보다 더 현명할 수 있다는 연구결과가 나와서 주목을 받고 있습니다. 미국 버클리 대학 연구팀이 20대, 40대, 60대를 대상으로 표본조사를 한 결과, 60대 노인들이 젊은이들보다 감정이입이 빠르고, 경험을 공유하면서 감정변화에 민감해져 대인관계에 초점을 두게 된다는 사실을 과학적으로 증명해 낸 것입니다.

이와 관련해 버클리 대학 연구팀은 "인생을 살아가며 상실(喪失)과 맞닥뜨리고, 감당할 수밖에 없었던 경험이 사람을 겸손하고 현명하게 만든다"고 설명하고 있습니다.

또 "젊은이들은 규칙만 알지만 노인들은 그 외에도 안다", "젊은이가 더 빨리 걷지만 그 길은 노인이 더 잘 안다", "노인 없는 마을은 물 없는 우물과 같다"라는 말이 있습니다. 모두 새겨들어야 할 말인 것 같습니다.

성경의 여러 곳에서도 이와 관련된 많은 교훈의 말씀이 기록되어 있습니다. 이것은 그만큼 중요하고 또 가치가 크다는 반증이 아니겠습니까?

'지혜의 왕'이라 불렸던 솔로몬의 아들 르호보암이 선왕인 그 부친을 모시던 중신(重臣)들의 말을 듣지 않고, 같이 자란 또래들의 말을 듣고 오판(誤判)하여 나라가 존망지추(存亡之秋)에 놓이게 되었고, 결국에는 북이스라엘과 남유다로 나라가 분단되는 비운을 맞게 되었습니다.

하지만 노인들의 말이 모두 옳은 것은 아닙니다. 그러므로 선택을 잘해야 합니다.

흔히 사람들은 지도자에게 요구되는 덕목들을 나열합니다. 사람에 따라 시기와 환경, 조건 등이 다르기는 하지만, 대략 '지성, 설득력, 지구력, 자제력, 불굴의 의지, 청렴성'과 같은 여섯 가지 덕목을 이야기합니다. 그러고 보면 결국 '산전수전 다 겪은 백전노장', 다시 말해 연륜이 켜켜이 앙금처럼 쌓인 노인들의 경험과 지혜와 노련미와 성공 노하우와 지도력을 내 것으로 받아들여야 한다는 사실을 깨달아야 될 것입니다. 노인은 나이가 많아서 대접 받는 사람이 아니라 질풍노도(疾風怒濤l) 간난신고(艱難辛苦)에도 굴하지 않고 땀과 눈물과 슬기로 이를 극복해 온 삶의 승리자들이기 때문에 그 가치를 인정 받는 것이라고 생각합니다.

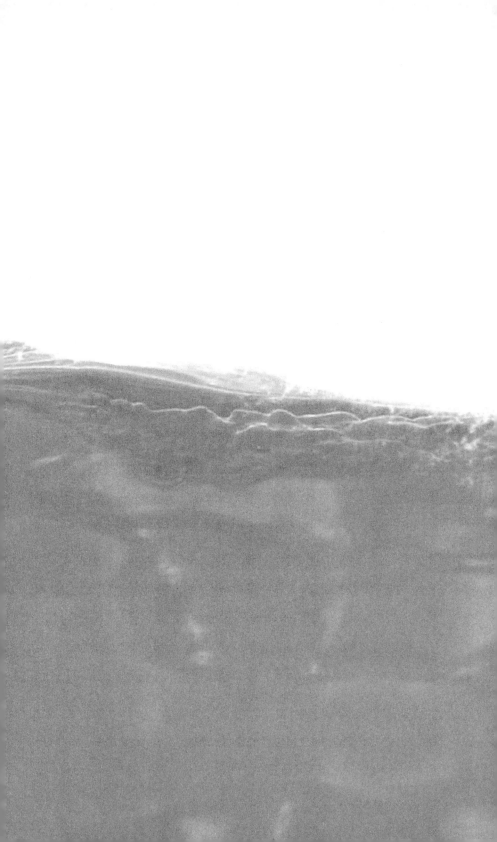

3부

비움 그리고 채움

영혼 없는 몸이 죽은 것같이 행함이 없는 믿음은 죽은 것이니라(약 2:26).
As the body without the spirit is dead, so faith without deeds is dead.

감명(感銘)

"의지(意志)"라는 단어를 사전에서 찾아보면 '뜻', 또는 '결심하여 실행하는 능력'이라고 정의하고 있습니다. 그래서 처음 뜻을 세우고 그 목표했던 것을 이루기 위해 그 어떤 고난과 역경에도 굴하지 않고 꾸준히 노력하는 사람을 일컬어 우리는 '의지가 굳은 사람'이라고 합니다.

주위를 살펴보면 이런 사람들이 성공하는 경우를 많이 보게 됩니다. 그동안 남 몰래 흘린 피와 땀으로 일군 결과이기 때문에 이에 따른 감명(感銘) 또한 크기 마련입니다. 이런 사람을 다른 말로 '입지전(立志傳)적인 사람'이라고 칭송을 하거나 정말 지독한 사람이라고 하며 경원(敬遠)의 대상으로 삼기도 합니다. 어쨌든 초지일관 자기의 뜻을 포기하지 않고 끝까지 관철하는 사람이야말로 존경의 대상이 됩니다. 우리나라 역사를 보면 많은 사람들이 좋은 본보기가 됩니다.

우리가 잘 아는 허균(許筠)은 『홍길동전』을 쓴 사람입니다. 그는 서자(庶子)로 태어나서 많은 차별의 설움 속에서도 굴하지 않고 양반들과 싸우며 불후의 명작을 남겨 깊은 감명을 주었습니다.

또 한 사람, 허준(許浚) 역시 서자로 태어나서 온갖 어렵고 힘든 과정을 거쳤음에도 불구하고 훗날 명의(名醫)가 되어 많은 사람들을 구제했으며, 『동의보감(東醫寶鑑)』이라는 세계적인 한의서(韓醫書)를 집필하여 후세에 길이 추앙 받는 인물이 되었습니다.

이처럼 양(洋)의 동서를 막론하고 의지의 인물들이 세상을 이롭게 하고 후세에 길이 기억될 만한 좋은 업적들을 남겼는데, 그중 한 사람이 영국 사람 존 번연입니다.

존 번연은 영국 베드포셔의 가난한 대장장이의 아들로 태어나 한때 그 자신도 대장장이 일을 했습니다. 그는 자신의 비천한 직업과 삶을 한탄하며 방탕한 생활로 젊은 시절을 허비하던 중, 청교도인 아내와 결혼하게 되면서부터 크리스천이 되었습니다. 그후 새 사람이 된 그는 열정적인 평신도 설교자로 활동하다가 목사 임직을 받고 전도와 설교로 활동 중 국교도가 아니라는 명목으로 감옥에 투옥되기를 반복했습니다. 그런 그가 옥중에서 쓴 책이 바로 『천로역정』으로 세계 역사상 10대 베스트셀러에 들 만큼 크리스천이라면 한 번쯤은 읽었을 유명한 책입니다.

물론 신학, 철학, 문학, 인류학 등 다양한 분야에 걸쳐 학문과 지식이 출중한 사람들이 쓴 책도 훌륭하지만, 이처럼 제대로 된 교육을 받지 못한 사람들의 책 또한 많은 감명을 줍니다. 무식한 어부라고 멸시 받았던 12제자들, 하지만 그들이 남긴 베드로서, 야고보서, 요한복음 등을 읽어 보고도 과연 놀라지 않을 수 있을까요?

전도(傳道)

"전도"란 '가르침의 도', 즉 '사람이 마땅히 가야 할 길을 안내해 주는 행위'를 일컫는 말입니다.

흔히 전도는 국내에서 내국인(內國人)을 대상으로 복음을 전하는 행위, 선교(宣敎)는 이방(異邦) 나라에서 외국인을 대상으로 포교(布敎)하는 행위로 구분합니다. 그러나 그 근본 취지나 성격은 다 같습니다. 다만 다른 점이 있다면 국내외를 막론하고 복음을 전하는 자가 다르다는 것입니다. 즉 전도자와 선교사로 구별이 된다는 말입니다.

전도는 목회자를 비롯하여 일반 성도에 이르기까지 누구나 복음을 전할 수 있는 반면, 선교는 고도로 훈련된 전문가라야만 그 성과가 큽니다. 이방 사람들에게 복음을 전하기 위해서는 먼저 언어가 통해야 하고, 그 나라의 문화와 환경에 잘 적응할 수 있는 강도 높은 훈련과 지식과 사명감에 투철하지 않으면 안 되기 때문입니다. 그리고 자신들의 안정된 국내에서의 모든 기득권을 포기하고 오직 주님께 모든 것을 맡기고 헌신·봉사해야 하기 때문입니다.

인도에서 사역을 하던 한 선교사가 하루는 여 성도와 담소를 나누고 있는데 장애를 가진 걸인이 다가와 구걸을 했습니다. 선교사는 그 걸인에게 약간의 동전과 함께 그들의 언어로 된 전도지를 나누어 주었습니다. 이를 지켜보고 있던 여 성도가 이렇게 말했습니다.

"선교사님, 전도지를 그에게 허비하지 마세요."

여 성도는 의아해하는 선교사를 바라보며 이렇게 말했습니다.

"그는 결코 크리스천이 될 수 없어요."

며칠 후, 누군가가 선교사의 집 대문을 두드렸습니다. 문 두드리는 소리에 나가보니 그때 만났던 걸인이 서 있었습니다. 갑작스런 걸인의 방문에 놀란 선교사가 주머니를 더듬으며 동전을 찾고 있는데, 걸인이 말했습니다.

"저는 동냥을 하러 온 것이 아니라 선교사님이 주신 전도지의 주소를 보고 왔습니다. 그 전도지에 적혀 있는 그 '성경'이라는 책을 한 번 보고 싶은데, 혹시 저에게 그 책을 좀 빌려 주실 수 없을까요?"

이에 선교사는 기꺼이 성경을 빌려 주었습니다.

그렇게 얼마의 세월이 흐른 후, 그 걸인은 세례를 받게 되었고, 그의 신실함이 알려져 기독교 서점의 경비로 일하게 되었고, 일하면서도 틈틈이 신앙서적을 읽는 등 영적인 성숙을 이루어 나중에는 인도 사회에 크게 영향력을 발휘하는 신실한 성도가 되어 거듭나는 삶을 살게 되었다고 합니다.

이처럼 사람은 외모로만 판단할 수 없는 것이며, 선입견을 가져서도 안 됩니다.

"듣던지 아니 듣던지 모두에게 전하라."고 했습니다. 씨를 뿌리는 것이 바로 전도입니다.

충성(忠誠)

"충성(忠誠)"이란 말의 사전적 의미는 '속에서 우러나는 정성'입니다. 그렇다면 "성실(誠實)"이란 말과는 그 뜻과 의미가 어떻게 다를까요? 성실의 사전적 의미는 '거짓이 없고 참됨'입니다. 깊은 뜻이나 풍기는 뉘앙스가 다르기는 하지만 엄밀히 따지면 충성과 성실은 사촌에 가깝습니다. 모두가 인간의 진실성을 내포한 '거짓 없는 속마음으로부터 우러난 것'이어야 하기 때문입니다. 그러기에 충성과 성실은 변함이 없어야 그 가치가 인정되는 것입니다.

우리 현대사에 큰 족적(足跡)을 남기며 많은 사람들로부터 아직까지도 추앙 받고 있는 조만식 선생은 모든 사람에게 존경 받는 독립운동가와 교육자와 정치가였습니다.

그의 젊은 날은 참으로 별볼일없는 하찮은 존재였습니다. 즉 그는 평북 정주에서 남의 집 머슴살이를 했을 만큼 집안이 몹시 가난했기에 제대로 교육 한 번 받아보지 못한 천하고 보잘것없는 삶을 살았습니다.

그러나 그는 자신의 처지를 비관하거나 부끄러워하지 않고 항상 주어진 일에 최선을 다하며 주인에게 성실하고 충성된 삶을 살았습니다. 그는 매일같이 주인의 요강을 깨끗이 닦았습니다. 남이 사용한 더럽고 냄새 나는 요강을 매일 씻는다는 것이 결코 쉬울 리 없을 텐데 그는 하루도 빠짐없이 그 일을 묵묵히 잘 감당했던 것입니다. 그러니 무슨 일인들 못했겠습니까?

주인은 그런 조만식을 바라보며 감동했고 또 그에 대한 믿음을 가지게 되었습니다. 그래서 주인의 배려로 그는 평양에 있는 학교에 보내지게 되었고, 그는 주인의 기대에 어긋나지 않게 우수한 성적으로 졸업한 후 정주로 돌아와 오산학교 선생님이 되었으며, 나중에는 그 학교의 교장이 되었습니다.

그는 교육자로서 민족교육에 혼신의 힘을 기울여 많은 인재를 길러냈고, 또 국산품 애용을 장려하는 물산장려운동을 벌여 애국하는 일에도 앞장서서 "조선의 간디"로 불리기까지 했습니다.

그는 학생들이 인생의 성공비결을 물을 때마다 이렇게 대답했다고 합니다.

"주어진 일에 최선을 다하고, 제일 먼저 남의 요강을 닦는 사람이 되라."

우선 자신을 낮추고 주어진 일에 성실과 최선을 다해 충성된 삶을 사는 것, 바로 믿는 자들이 주님의 가르침에 순종하며 성실과 충성을 다할 때 주님께서는 더 크고 더 많은 것을 우리에게 맡기신다는 사실을 깨닫게 됩니다. 사명 감당에 성실하고 충성하는 것이 바로 성공의 지름길입니다.

수지맞은 장사

  옛날 당나라 때 유명한 약장수 송청이란 사람이 있었습니다. 그는 약을 조제하는 일에 뛰어났으며, 그가 지은 약을 먹고 병이 낫지 않은 사람이 없었다고 합니다. 송청은 가난한 사람에게는 외상으로 약을 지어 주었는데, 연말이면 외상장부가 수십 권에 이르렀지만 약값을 독촉하지 않았을 뿐만 아니라 오히려 그 외상장부들을 불태워버리고 환자들에게는 약값을 받지 않았다고 합니다.

  이를 두고 어떤 사람은 이렇게 말했습니다.

  "송청은 대범한 인물이야. 그와 같은 사람이 많아야 가난한 백성이 건강하게 살 것이 아닌가?"

  또 어떤 사람은 이렇게 말했습니다.

  "송청은 참 어리석은 사람이야. 그토록 고생하여 치료해 주면 뭣하나? 약값 한 푼도 받지 못하면서…."

  이런 평가에 송청은 이렇게 말했다고 합니다.

  "나는 어리석지도 않고, 그렇다고 큰 인물도 못 됩니다. 약을 팔아 처자식을 먹이고 사는 한낱 약장수에 불과하지요. 내가 약방을 시작한 지 40년, 차용증서를 불태운 것이 수천 장에 이릅니다. 그 가운데는 후에 고관대작으로 출세한 사람들이 많아서 약값에 비해 분에 넘치는 보답을 해오기도 합니다. 반면, 약값을 떼어먹고 도망친 사람도 적지 않으나 우리 가족들이 먹고 사는 데는 큰 영향을 끼치지 않았습니다."

사람들은 송청의 대답을 듣고 그의 인격을 높이 샀으며, 외상장부를 날마다 들여다보며 불안해했던 자신들의 모습을 부끄러워했다고 합니다.

우리도 송청처럼 눈앞의 이익에 급급할 것이 아니라 좀 더 여유를 갖고 미래를 내다볼 수 있는 삶을 살도록 하는 노력이 필요하지 않을까요? 우리는 이미 선택 받은 자로서의 특권을 갖고 있고, 주님의 자녀까지 되었으니 가장 '수지맞은 장사'를 한 것 아닐까요?"

권한과 책임

　중세 말기, 영국과 프랑스 사이에는 백년전쟁이 계속되고 있었습니다.

　여러 차례 전쟁과 휴전을 되풀이하던 중 1347년, 1년 가까이 영국의 공격을 막아오던 프랑스의 북부도시 깔레는 원병을 기대할 수 없는 절망적인 상황에서 결국 백기를 들고 말았습니다. 깔레의 항복사절은 시민 전체가 죽는 것을 막기 위하여 영국 왕 에드워드 3세에게 자비(慈悲)를 구했는데, 그때 에드워드 3세는 이렇게 말했습니다.

　"좋소. 깔레 시민들의 생명은 더 이상 해치지 않겠소. 그러나 누군가는 이 전쟁에 대한 책임을 지도록 해야 할 것이오. 그러니 깔레 시민을 대표하는 사람 여섯 명을 교수형(絞首刑)에 처하는 조건으로 이 도시를 멸망시키지 않겠소."

　이 소식을 들은 시민들은 기뻐할 수도, 그렇다고 슬퍼할 수도 없게 되었습니다.

　그러자 용감하게 나선 사람들이 있었습니다. 그들은 다름 아닌 그 도시에서 부유하면서도 지도적인 삶을 살던 사람들이었습니다.

그들은 에드워드 3세가 말한 대로 목에 밧줄을 매고 맨발로 걸어서 에드워드 3세 앞으로 나갔습니다. 그 모습을 보고 있던 영국의 왕비가 국왕에게 자비를 베풀 것을 간청했습니다. 그 당시 왕비는 임신 중이었습니다. 태어날 아기를 위해서도 그렇게 하는 것이 좋겠다고 판단한 국왕은 왕비의 간청대로 사면령을 내리게 되었습니다.

그로부터 550년이 지난 1895년, 깔레 시는 세계적인 조각가 로댕에게 그 용감한 시민 여섯 명을 기념하기 위한 동상을 주문했습니다. 그것이 바로 그 유명한 '깔레의 시민'인 것입니다.

지금 영국 런던의 국회의사당 정원에는 청동으로 부어 만든 동상이 세워져 있습니다. 한 알의 밀알이 떨어져 죽음으로 많은 열매를 맺는다는 상징적인 모델인 셈이지요.

"노블레스 오블리주(Noblesse Oblige)"라는 말은 "권한에는 책임도 따른다"라는 프랑스 격언에서 나온 말입니다. 즉 귀족들이 누리는 권한만큼 그에 상응(相應)하는 책임도 져야 한다는 의미입니다.

집착(執着)

집착의 근원이 성격에 있는 반면, 위임은 정신으로부터 오는 것입니다. 집착은 인간관계에서와 똑같이 삶과의 관계에서 선택의 기회를 차단하지만, 맡겨둘 때에는 그 기회가 열립니다.

현대의 우리 삶은 우리를 맡겨두기보다 집착하는 사람들로 만들어 버렸습니다. 정말로 많은 사람들이 자신의 삶속에서 집착과 맡겨두기의 차이를 구분하지 못합니다.

집착은 우리를 깊은 함정으로 인도하지만, 맡겨두는 것은 때로 갑갑하고 조급증으로 불편하게 느껴질지 몰라도 궁극적으로는 더욱 자유로 인도할 것입니다.

때로 두 가지 모두에 일의 추이 또는 유혹을 거스르는 '멈춤'의 순간이 따르게 됩니다. 그러나 어떤 행동이나 관계가 처음부터 내내 자유에 더 가까운지를 알게 되면 이 두 가지를 구별할 수 있게 될 것입니다.

집착은 우리 속의 깊은 선(善)이 반드시 반영되지 않는 습관적인 반응입니다. 맡김(위임)은 의식적인 선택이며, 우리 자신을 가장 진정한 가치와 목적의식에 부합하는 사람이 되게 합니다. 주님께서는 마태복음 6장 25절 이하에서 이렇게 말씀하고 계십니다.

"목숨을 위하여 무엇을 먹을까 무엇을 마실까…그러므로 내일 일을 염려하지 말라…어찌하여 두려워하느냐 믿음이 적은 자들아….”

그리고 마태복음 11장 28절에는 "수고하고 무거운 짐 진 자들아 다 내게로 오라 내가 편히 쉬게 하리라.”라며 맡기라고 말씀하십니다.

하지만 지금 우리의 모습은 어떻습니까? "염려 말라”, "내게 다 맡기라”라고 하셨지만 우리는 각자가 지고 있는 무거운 짐에 집착해서 헤어나오지 못하고 있으니 주님이 보시기에 얼마나 안타까우실까요?

보증서(保證書)

자동차의 종주국(宗主國)인 미국을 제치고 세계 1위를 자랑하던 도요타(Toyota) 자동차가 렉서스를 비롯한 자사 차량의 결함으로 인해 미국에서만 127만 대의 사상 초유의 리콜(re-call) 사태를 맞이하여 신용이 추락되고 매출이 극도로 부진해서 엄청난 곤욕을 치르고 있습니다. 뿐만 아니라 그 이후로도 수많은 나라에서 대규모 리콜 사태가 계속되는 바람에 회사가 휘청거리고 일본 경제마저 엄청난 타격을 받고 있다 합니다.

"리콜(re-call)"이란 하자(瑕疵)에 대한 무상수리, 무상교환 등 소비자에 대한 피해를 조건 없이 변제(辨濟)해 주는 보증 수단입니다. 그러니 한두 푼도 아니고 거액을 들여 샀던 자동차에 중대 결함이 발생했을 때 조건 없이 변상조치를 취해 주지 않는다면 그 회사 제품은 누구나 외면할 것입니다.

우리가 물건을 살 때 웬만큼 값이 나가는 물건들은 대부분 보증서가 있습니다. 그래서 나중에 하자가 발생했을 때 이 보증서를 보여 주면 군소리 없이 바꿔 주거나 무상수리를 해줍니다.

그런데 가만히 생각해 보면 이 세상 그 어떤 보증보다 확실하고 값진 보증은 예수 그리스도입니다. 왜냐하면 예수 그리스도는 우리에게 영원한 생명을 보증하기 때문입니다.

먹고, 입고, 사는 일에도 하나하나 보증이 필요합니다. 그래서 보험회사가 잘되나 봅니다. 상해, 화재, 교통, 퇴직, 사고, 생명보험 등 여러 면에서 불확실한 미래에 대하여 안전을 보장 받아야 안심이 되는 세상에 우리가 살고 있습니다.

그러나 그것들은 백 년 미만의 제한된 미래만을 보장할 뿐입니다. 하지만 주님이 보증하시는 생명보험은 영원한 보장을 약속하고 있습니다. 우리가 지불하는 보험료(保險料)는 단지 믿음뿐입니다.

주님의 보증은 무상 보증이며 무한 보상이기도 합니다. 또한 조건도, 자격도, 남녀노소나 빈부나 귀천도 없습니다. 오직 주님이 원하시는 것은 '믿음' 그것 한 가지뿐입니다. 우리 모두 믿음의 의를 통해서 영원한 생명의 보증을 받읍시다.

구제(救濟)

    해마다 연말이 되면 도심 곳곳에 빨간 '자선냄비'가 등장하고 참여를 독려하는 종소리가 사람들의 관심을 끕니다. 이건 바로 "구세군(救世軍)의 종소리"이고, 이웃 사랑 실천의 메시지이기도 합니다. 이 자선냄비는 연말이면 미국을 비롯한 대부분의 나라에서 등장합니다.

    자선냄비는 1891년, 성탄이 가까워 오던 샌프란시스코에서 처음 등장하였는데, 이는 빈민들과 급작스런 재난으로 어려움을 당한 사람들을 돕기 위하여 조셉 맥피라는 구세군 정위가 고심 끝에 고안해 낸 기발한 아이디어에서 생겨난 것이라고 합니다. 바로, 옛날 영국에서 가난한 사람들을 돕기 위하여 사용했던 방법이었습니다.

    일설에 의하면 종교적인 핍박에서 해방되기 위해 메이 플라워호를 타고 미국으로 망명했던 청교도들이 먹을 것이 없어서 굶주리고 있을 때 그곳 주민들이 부둣가에 냄비를 걸어놓고 따뜻한 식사를 제공했던 것이 그 유래라고 합니다. 조셉은 기금 마련을 위해 이 자선냄비를 내걸어 큰 호응을 얻었습니다.

우리나라에서는 1928년 12월 15일 당시 한국 구세군 사령관이었던 박준섭 사관이 서울의 도심에 처음으로 이것을 설치하고 '불우이웃돕기'를 시작했다고 합니다. 구세군에서는 해마다 모금 목표액을 정하고 이를 꾸준히 실천하고 있는데, 어떤 어려움이 있는 해라도 반드시 목표를 초과달성했다고 합니다.

구세군(救世軍)은 "세상을 구하는 군대"라는 뜻에 걸맞게 어렵고 소외된 불쌍한 이웃들을 돕는 단체이기도 합니다. 구세군은 1865년 영국의 감리교회 목사인 윌리엄 부스와 그의 아내인 캐서린 부스가 창시(創始)한 개신교의 한 교파(敎派)입니다. 그들은 가난한 사람들과 근로자들이 산업혁명으로 인해 퇴출되어 생계가 막막해지자 그들을 위한 사회복지 프로그램을 운영하기 시작했습니다.

14세의 어린 나이에 아버지를 잃고 가족을 부양했던 구세군 설립자 부스, 그는 의사들의 만류에도 불구하고 죽음을 앞두고도 이웃들을 돌보는 일에 헌신적이었으며 임종(臨終)을 앞두고는 이런 말을 남겼다고 합니다.

"거리에 우는 여인이 있습니까? 함께 우십시오. 배고픈 아이가 있습니까? 주머니를 터십시오. 감옥에 죄수들이 넘칩니까? 사랑의 손을 펴십시오."

행함(實踐) 1

얼마 전, 한 지방 신문에 어떤 사람이 투고한 글을 읽었습니다.

나는 지난 연휴에 강원도로 기차 여행을 하게 되었는데, 그 기차 안에는 사람들이 너무 많아 비집고 앉을 틈이 전혀 없었다. 하지만 어찌어찌 노력과 기지를 발휘하여 가까스로 자리를 하나 차지하게 되었다. 그래서 그 북새통 속에서도 큰 고생을 하지 않고 편안하게 여행을 다녀올 수 있었다. 이 모든 것이 하나님의 은혜라고 생각되어 감사드린다.

이 기사가 나간 다음 날, 똑같은 신문에 이런 글이 실렸습니다.

나도 어제 신문에 기고했던 그 아무개와 같은 기차를 타고 여행을 했었다. 그 말 그대로 연휴를 맞이하여 엄청나게 사람으로 북새통을 이루었다. 하지만 나는 다행히 처음부터 자리에 앉아 갈 수가 있었다. 그러나 내가 주위를 둘러보니 머리가 하얀 할머니 한 분이 힘들게 서 계셔서 즉시 자리를 양보하고 내 자리에 앉혀 드렸다. 물론 다리는 아팠지만 기쁨과 보람을 가지고 기차 여행을 잘 마쳤다.

이것은 그 지방의 어떤 무신론자가 전날 글을 실었던 그 크리스천을 비웃기 위해서 쓴 '조롱의 글'이었습니다. 그가 노린 것은 무신론자보다 못한 이기적인 크리스천을 비꼬면서 그의 자가당착(自家撞着)적이며 행함 없는 이기적인 믿음을 많은 사람들에게 비웃음 거리로 만들고자 했던 것입니다.

이처럼 많은 사람들이 남을 비판하기 좋아합니다. 조롱과 비방으로 흥분과 희열을 느끼기도 합니다.

그렇다고 그들이 크리스천처럼 사람들에게 도움이 되는 일을 하거나 사회 곳곳의 손길이 필요한 자들에게 조건 없는 사랑을 나누고 있느냐 하면 꼭 그런 것 같지도 않습니다. 이들은 크리스천들을 위선자 또는 행함이 없는 말쟁이들 정도로 치부하려 듭니다. 세상의 많은 사람들은 그저 자기 머리로만 사랑을 하려고 합니다. 남을 비방하며 생색은 자기가 내고 힘든 일은 타인이 하기를 바랍니다. 입에 발린 말로만 사랑하려고 합니다. 나의 희생이나 나의 손해는 뒷전에 감추고 말과 머리로만 생색을 내려고 듭니다. 이것은 주님이 기뻐하시지 않는 일입니다.

세상의 무신론자들은 그렇다 해도 크리스천들마저 이들을 닮아간다면 그들과 무엇이 다를까요? 크리스천들만이라도 수천 마디의 말보다 실천하는 행동, 즉 행함이 있는 삶을 살아야 하겠습니다. 이것이 주님을 욕되지 않게 하는 일이기도 합니다.

행함(實踐) 2

중국의 현인(賢人) 중 한 사람인 장자(莊子)의 이야기입니다.

집이 몹시 가난했던 장자가 하루는 감하후란 사람에게 양식을 꾸러 갔습니다.

"내 집에 손님이 찾아와서 급히 양식이 필요하니 쌀 두어 되만 빌려 주시게."

그러자 감하후가 말했습니다.

"그러지. 내일 모레면 고을에서 현물세가 들어오는 날이니 내 그것이 들어오는 대로 아예 한 가마를 빌려 줌세. 지금은 내가 좀 바빠서…. 자, 그럼 내일 만나세."

이에 화가 치민 장자가 정색을 하며 말했습니다.

"잠깐, 아무리 바빠도 내 말 좀 들어보게."

"무슨 말?"

"조금 전 자네 집으로 오는 길에 누가 나를 부르더군."

"누가?"

"그래서 돌아봤더니 수레바퀴가 지나간 자국에 물이 고여 있는데 그 곳에 붕어 한 마리가 있더군."

"아니, 그런 곳에 어찌 붕어가 살아 있었단 말인가?"

"나도 이상해서 물었지. 그랬더니 자기는 동해의 파신(波臣=물고기)인데 어떻게 한두 바가지 물로 나를 좀 살려 줄 수 없겠냐고 하는 것이 아니겠나?"

그러자 궁금한 표정을 지으며 감하후가 물었습니다.

"그, 그래서 어떻게 대답했나?"

"그래서 내가 이렇게 말했지. '그래 알았다. 내가 곧 오나라, 월나라 임금을 만나게 될 테니 그때 서강에서 물을 끌어다가 편히 살 수 있도록 도와주지.' 그랬더니 그 붕어가 화를 내더라니까."

"아니, 도와주겠다는데 화는 왜 낸단 말인가?"

"자넨 아직도 붕어가 왜 화를 내는지 그 이유를 모른단 말인가?"

"도대체 그 이유가 뭔데?"

"자네, 그럼 이런 말은 들어본 적이 있는가?"

"무슨 말?"

"앓느니 죽겠다(이 말은 우리나라 식으로 표현한 것입니다.)."

체험(體驗)

사랑을 해봐야 사랑의 기쁨을 알 수 있고, 고통을 당해봐야 그 아픔을 느낄 수 있습니다. 머리로 이해하고, 눈으로 보는 것만으로 판단할 수 없는 것이 현실이고 상황인 것입니다.

눈에 보이는 연인들의 모습만으로 그 사랑의 깊이와 농도를 가늠할 수 없고, 눈에 보이는 환자의 모습만으로 그 환자의 고통과 아픔의 크기를 제대로 알 수 없는 것입니다. 결국 직접 체험을 해봐야만 그 진실에 가까이 접근할 수 있는 것이지요.

명석한 두뇌와 뛰어난 지식으로 많은 사람들의 부러움을 사고 있던 한 청년이 있었습니다. 그는 교만이 가득하여 "신은 없다."고 주장하는 철저한 무신론자이기도 했습니다.

그러던 어느 날, 그는 예기치 않은 사고를 당해 두 눈을 잃게 되었습니다. 그는 하나님께 울부짖었습니다.

"하나님, 내게 왜 이런 시련을 주십니까?"

그렇게 날마다 원망하며 울부짖던 그에게 갑자기 한 가지 떠오르는 모습이 있었습니다. 그가 시력을 잃기 전에 보았던 거리를 헤매며 불편한 걸음을 걷던 시각장애인들의 모습이었습니다. 그러면서 새로운 소망이 생겨났습니다.

"그래! 나도 할 일이 생겨났다!"

그는 자기처럼 앞을 못 보는 시각장애인들이 글을 읽을 수 있는 방법을 찾아보기로 했습니다. 그때부터 연구를 거듭한 그는 '타자기'를 개발해 냈습니다. '문 타이프'라는 이 타자기는 자신의 이름을 갖다 붙인 시각장애인용 타자기입니다.

'윌리엄 문'이 개발한 이 타자기는 5백여 종류의 언어로 사용될 정도로 기능이 많으며 시각장애인들에게는 보배와 같은 존재가 되었습니다. 또한 그는 철저한 무신론자에서 신실한 크리스천으로 바뀌었고, 장애우들을 위하여 성경을 점자로 펴내기까지 했습니다. 이처럼 그는 절망에서 소망의 빛을 밝혔고, 하나님 앞에 무릎 꿇고 기도하는 생활을 열심히 했습니다. 그에게 닥친 뜻하지 않은 시련과 고통이 오히려 자신과 이웃에게 빛과 소망을 가져다 주는 놀라운 기적을 이루게 했습니다.

시련이 시련으로 끝나지 않고 기쁨과 소망과 감사로 이어질 수도 있습니다. 요셉의 불행한 역사가 그 가족들의 구원은 물론 이스라엘 민족의 어려운 현실을 해결시키기도 했고, 룻의 불행한 삶이 전화위복의 기쁨으로 보상되기도 했으며, 바울의 고난과 핍박이 위대한 사도와 선교자로서의 놀라운 새 역사를 이룩하게 했습니다. 우리가 알 수 없는 하나님의 역사는 헤아릴 수도 없고, 측량할 수도 없는 위대한 힘과 능력이 있습니다.

소리 (音聲)

어느 저명한 곤충학자가 사업을 하는 한 친구와 함께 오솔길을 산책하고 있었습니다. 그런데 담소를 나누며 한참을 걷고 있던 곤충학자가 갑자기 걸음을 멈추더니 귀를 쫑긋거리다가 이내 숲속으로 발길을 옮기는 것이었습니다. 영문을 모르는 친구는 황당한 표정을 지으며 숲에서 어슬렁거리며 돌아오는 친구를 쳐다보고 투덜거렸습니다.

"아니! 자네는 갑자기 어디를 그렇게 헤매다 오는 건가?"

그러자 그 친구는 "자~ 잠깐, 자네에게 보여 줄 게 있네." 하면서 조심스럽게 손 안에 움켜쥔 귀뚜라미 비슷한 곤충 한 마리를 보여 주는 것이었습니다. 이를 보고 친구는 어이없어 하며 말했습니다.

"아니, 이 곤충의 울음소리를 듣고 그것을 찾으러 갔다 왔다고? 나는 전혀 듣지 못했는데…."

그 친구는 곤충의 울음소리를 들은 친구가 신기했습니다.

며칠 후, 그들은 시끄러운 도심을 함께 걷게 되었습니다.

그때, 옆에서 걷고 있던 친구가 갑자기 몸을 바짝 구부리더니 무언가를 움켜쥐며 일어서는 것이었습니다. 이를 본 곤충학자 친구가 물었습니다.

"아니, 자네 지금 뭘 하는 거야? 점잖지 못하게 길거리에 떨어진 물건을 줍고…."

그러자 상인 친구가 움켜쥔 손을 펴보였습니다.

"으잉? 이건 금화가 아닌가?"

"맞아, 금화가 틀림없지. 자네 귀에는 안 들렸겠지만 나는 분명 금화가 떨어지는 소리를 들었거든."

어머니는 잠을 자다가도 아기의 뒤척임에 즉각 반응합니다. 그만큼 아기의 행동에 대하여 민감합니다.

마찬가지로 하나님께서는 우리의 세미(細微)한 소리에도 귀 기울이시고 반응한다고 하셨습니다. 우리의 작은 신음소리도 들으시고 일하시며 응답하십니다.

세상의 모든 이치는 상대적입니다. 내가 하나님의 소리에 민감히 반응할 때 하나님께서도 우리에게 응답하십니다. 그러므로 우리는 세상의 소리보다 하나님의 소리(말씀)에 항상 귀를 기울여야 합니다.

기도 역시 마찬가지입니다. 나의 억울하고, 분하고, 원통하고, 갈급한 사정을 침 튀기며 소리칠 것이 아니라 먼저 하나님의 뜻이 무엇인지 헤아리는 지혜를 간구하며, 주님이 나에게 주실 말씀을 사모하며, 잠잠히 인내하며, 기다리는 훈련이 선행되어야 합니다. 세상의 수많은 소리의 소음 속에서 오직 하나님 말씀만이 진리이기 때문입니다.

관점(觀点)

우리나라의 말 중에는 "눈에 눈이 들어갔으니 이것이 눈물(雪)인가? 눈물(淚)인가?", "배(舟) 위에서 배(梨)를 먹으니 배맛이 더욱 좋구나.", "다리(橋)가 너무 길어서 다리(脚)로 걷기에는 너무 힘들겠군" 등 한국인이 아니고는 얼른 이해하기도 어렵고, 알쏭달쏭한 말들이 참으로 많습니다.

뿐만 아니라 눈 자체의 직관(直觀)으로 보는 사물과 마음의 눈(心眼)으로 보는 사물이 서로 다릅니다.

미켈란젤로는 이탈리아의 세계적으로 유명한 화가이자 조각가입니다. 바티칸 시스티나 성당에 있는 모세상도 그가 조각하였고, "천지창조"라는 천정화나 피에타 같은 세기적인 명작도 그의 작품입니다.

하루는 그가 크고 거친 대리석을 열심히 쪼아대고 있는데 이를 지켜보던 사람이 "그 돌을 그렇게 쪼아대면 그 속에서 무엇이 나옵니까?" 하고 비아냥대듯 물었습니다. 그러자 미켈란젤로는 "아, 이거요? 나는 지금 이 속에 갇혀 있는 천사를 꺼내는 중입니다."라고 대답했습니다.

돌을 단순히 돌로만 보는 사람의 눈에는 그저 쓸모없고 거친 돌 중 하나일 뿐이지만, 심미안(審美眼)을 가진 조작가의 눈에는 거친 돌 속에 숨어 있는 아름다운 천사가 보였던 것입니다. 같은 사물이라도 보는 사람의 관점에 따라 이처럼 전혀 다른 형태로 나타나게 됩니다.

우리는 세상을 살면서 수많은 거친 돌들을 보게 됩니다. 때로는 그것들이 거추장스럽고 불편한 걸림돌로 여겨질 때도 있습니다. 그러나 우리는 우리의 직관만을 의지할 것이 아니라 조각가처럼 거친 돌 속에 있는 천사를 볼 줄 아는 심미안적 능력도 길러야 합니다. 또 그 속에 있는 천사를 끌어내는 실력도 배양해야 합니다. 사람들에게는 천사가 될 수 있는 속성과 악마가 될 수 있는 야누스적인 속성, 두 가지를 다 가지고 있기 때문입니다.

만약 우리가 그들에게서 천사를 끌어낼 수 있다면 우리는 그 천사들과 더불어 천국의 삶을 살 수 있을 것이며, 우리가 돌부리만 바라본다면 거칠고 험한 돌부리에 부딪히고 넘어져서 지옥 같은 삶에서 헤맬 것입니다. 그러므로 우리도 미켈란젤로처럼 감추어진 천사들을 부지런히 찾아내어 천국생활을 누리도록 힘써야 할 것입니다.

성경(聖經) 1

성경은 하나님께서 우리에게 주신 유일한 기록된 말씀이다. 그 가치와 존엄성 면에서 감히 비교할 수 있는 것이 이 땅에는 없다. 매일 반복해서 읽을 뿐만 아니라 평생을 두고 암송할 만한 가치 있는 책이 성경 외에 무엇이 있는가? 성경은 진리와 생명을 줄 수 있는 유일한 책이다. 그 어떤 책도 영이요, 살아 있는 말씀에 필적할 수 없다. 성경을 읽을 때 우리 영혼이 소생한다. 거듭난다. 진리를 알게 될 뿐만 아니라 진리 그대로 행할 수 있는 능력도 얻게 된다. 성경은 누구나 읽고 이해할 수 있도록 되어 있다. 성경과 성도 사이에 대리인은 필요 없다. 성도들이 직접 성경에서 보화를 캘 수 있다. 일반적인 큐티(Q.T) 책은 늘 많은 해설을 동반하여 성도들에게 주입한다. 그러나 성도는 원본을 읽어야 한다. 인공 사료가 아닌 싱싱한 풀을 직접 먹어야 한다. 성경에는 덧붙일 것이 없다. 수려(秀麗)한 해설과 감동적인 이야기로 양념을 묻힌 일반 시중의 큐티 책에 익숙해진 성도들은 원본 말씀의 싱싱함 자체를 누리기 힘들어 한다. 그러나 말씀은 그 자체가 능력이 있고, 말씀이 말씀을 풀어 준다. 누군가의 해설은 늘 그 해설자의 신학이 반영된다. 집필자의 사상이 투영(投影)될 수밖에 없다. 그러나 순전한 하나님의 말씀을 직접 먹는 자는 그 위험에서 자유롭다. 때로 성경이 이해되지 않는 것이 당연하다. 그렇다고 답안 찾듯이 바로 다른 사람의 해설을 찾을 필요가 없다. 그냥 넘어가면 된다. 읽고 또 읽으면 언젠가 그 뜻이 들어오게 된다. 우리 안에 내조하는 성령께서 우리로 깨닫게 하신다. 그 성령은 누구신가? 바로 성령의 저자이신 하나님이 아니신가?

(이상 OYB 인용)

우리는 순전한 원본(原本) 성경을 읽고, 성경의 저자이신 성령님으로부터 직접 가르침을 받는 것이 가장 바르고 성숙된 말씀 생활이라는 사실을 깨달아야 합니다. 성경에는 덧붙일 것이 없기 때문입니다. 그 어떤 해설서나 그 어떤 유명 신학자라도 원작자(原作者)를 능가할 수 없기 때문입니다. 그러므로 성경에는 이렇게 기록하고 있습니다.

"먼저 알 것은 경(經)의 모든 예언은 사사로이 풀 것이 아니니 예언은 언제든지 사람의 뜻으로 낸 것이 아니요 오직 성령의 감동하심을 입은 사람들이 하나님께 받아 말한 것이니라(벧후 1:20-21)."

성경(聖經) 2

　최근 미국 NYT가 발표한 기사 중에 우리를 놀라게 하는 사건이 하나 있었습니다. 현존하는 미국인들 중 일주일에 단 한 번도 성경을 읽지 않는 사람이 70%가 넘고, 목회자 컨퍼런스에서 지금까지 성경 전체를 한 번이라도 읽어본 사람은 5%에 불과했다고 하는 사실입니다. 그렇다면 과연 우리의 모습은 어떨까요? 아이러니하게도 전 세계적으로 가장 많이 인쇄되는 책이 성경이지만 가장 안 읽히는 책 또한 성경이라고 합니다. 성경은 교회 갈 때 폼으로 들고 다니거나 책장에 진열하는 장식용이 아닌데 말입니다.

　에른스트 브로흐는 "성경이 없이는 진정한 혁명을 일으킬 수 없다"고 역설했습니다. 옳은 말입니다. 진리의 기초 위에서 시작되지 못하고 인간에 대한 뜨거운 사랑의 바탕 위에서 시작되지 못한 혁명은 결코 인류를 행복하게 할 수 없습니다. 또 아랜드는 "많은 혁명가들이 천국을 약속하면서 지옥을 창조하였다"고 비판하고 있습니다. 이처럼 성경은 역사를 개조하는 힘을 가진 책이요, 변화시키고 새롭게 만드는 능력을 지닌 책인 것입니다.

　성경은 많은 책 중 하나가 아니라 전지전능하신 하나님이 쓰신 유일한 책입니다. 성경은 유일하게 구원에 이르게 하는 진리가 담긴 책이며, 유일하게 성령님께서 사용하시는 메시지이며, 유일하게 인간을 변화시키는 책입니다. 따라서 우리의 소질과 능력, 전공이 무엇이든 성경을 많이 읽고 묵상하고 깨달아 성경에 대한 대가(大家)가 되도록 노력해야 합니다.

크리스천들에게 성경은 단순히 이스라엘 역사서나 하나님 말씀을 설명하는 책이 아닙니다. 크리스천은 성경을 직접 묵상하면서 말씀을 통해 하나님을 만나고 그분의 음성을 듣는 법을 배워야 합니다. 주석(註釋)도, 묵상(默想) 책자도, 이야기나 실례도, 우리가 답을 써야 하는 질문도 필요가 없는 것입니다. 필요한 것은 오직 성경 그 자체입니다.

"성경 안에서 하나님을 만나며, 성경 안에서 그분의 말씀을 듣기 때문입니다(David E. Rose)."

성경은 다른 사람에게 주신 해설서가 아니라 바로 나에게 주신 생명의 말씀인 것입니다.

지난 2천 년의 세계사와 교회사에서 성경은 수차례 역사를 크게 변화시켰습니다. 지난 2천 년의 역사 속에서 성경이 없었다면 인류의 현재 모습은 과연 어떠했을까요? 오늘날, 성경이 없는 세상을 상상해 볼 수 있을까요? 그것은 태양이 없는 지구, 물 없는 사막과 비견되지 않을까요? 생명은 살아 움직입니다. 말씀이 살아 역사하지 않는 책은 죽은 책, 인쇄된 하나의 종이뭉치에 불과한 것입니다.

성경(聖經) 3

성경의 한글 번역은 대중들이 성경을 읽도록 하여 기독교인들의 개인적인 영적 자양분이 되었을 뿐만 아니라 기독교인들로 하여금 자기 시대와 사회에 대한 응답적인 삶을 살도록 했습니다.

한말(韓末) 처음으로 기독교에 들어온 사람들이 성경을 얼마나 기다리고 중요시 했는지는 여러 자료를 통해서 확인되고 있습니다. 선교사가 입국하여 얼마 안 되었을 때 한국의 기독교인들의 "한문(漢文) 성경 외에는 현재 일부 성경만이 이용될 수 있는 실정이기 때문에 가능한 한 빨리 성경을 번역해 달라."는 간절한 요구가 있었습니다. 또한 1898년경 성경 번역이 지지부진하자 평양에 사는 어떤 성도는 "예수 믿는 사람의 양식은 성경"이라고 전제한 후, "성경을 지방에 내려 보내 주기를 배고픈 자의 밥과 목마른 자의 물과 같이 기다린다"라고 했습니다. 어느 서점 주인은 "신약전서를 전부 번역한 것이 서울서 내려오기를 가무는 때에 비 기다리는 것같이 기다린다"고도 했습니다. 이렇듯 성경을 기다린다는 것은 한국 초대 기독교인들의 영적 갈급성을 의미하는 것이기도 하지만, 성경이 당시 한국교회와 사회에 큰 영향력을 미칠 수 있는 중요한 요소가 될 것임을 암시하는 것이기도 했습니다.

성경을 읽는 많은 기독교인들은 민족적 시련 앞에서 응답적 삶을 살려고 노력했습니다. 일제 강점기에는 기독교인들의 자기 민족에 대한 응답적 삶은 더 광범위하게 나타나게 됩니다. 3·1운동에 참여했던 교회지도자들이 거사 참여에 앞서 정치와 종교의 경계를 어떻게 극복해야 하는가를 고민하는 데서는 그들이 성경을 피상적으로 파악하지 않았음을 보여 줍니다. 그러기에 그들은 하나님이 내신 민족을 위해서 순명(殉名)을 각오했던 것입니다.

1919년 대한민국 건국에 참여하여 임시정부에 관여한 이들이나 무장투쟁 혹은 의열운동에 참여한 많은 기독교인들, 이들 또한 성경과 기독교적 신앙을 떠나서는 생각할 수가 없습니다.

(이상 OYB 전문 인용)

오늘날 성경은 참으로 흔해서 어디를 가든지 어렵지 않게 접할 수 있습니다. 이 모든 것이 하나님의 은혜이고 축복입니다. 그러나 이처럼 흔하고 가까이 있는 성경임에도 불구하고 우리는 성경 읽기를 소홀히 하고 있습니다. 사람은 부족하면 갈급해 하고, 간절히 갖기를 소망합니다. 물질문명이 발전해서 궁(窮)한 것을 모르고 귀한 것을 잘 모르는 것 같아 안타깝습니다.

우리에게 일용할 양식(糧食)이 필요하듯 언제나 말씀이 필요한데 이를 소홀히 하는 것은 마치 '밥을 굶는 것'과 다를 바 없다고 생각됩니다.

247

성경(聖經) 4

이 세상에서 가장 많이 팔리고 읽히는 책이 성경이고, 우리나라는 가장 많은 성경을 인쇄해서 세계 여러 나라에 수출을 하고 있다고 합니다. 그만큼 성경이 대중화되고 흔해졌다고 볼 수도 있습니다. 또한 세계 도시 중 십자가가 가장 많은 나라도 한국이고, 세계에서 가장 큰 교회 역시 한국에 있다니 참 자랑스럽기도 합니다. 이 모든 것이 불과 100여 년의 짧은 세월 동안 하나님의 은혜로 이루어진 것으로 제2의 예루살렘이 된 것입니다. 이 모두가 하나님의 선물입니다.

미국 스텐포드 대학에서 세계에서 가장 영향력이 큰 책 15권을 선정했는데 그중에 성경이 포함되었습니다. 성경이 영향력이 큰 책으로 선정된 것은 당연한 일일 것입니다. 성경은 단체는 물론 한 개인의 인생 행로를 바꾸고도 남을 만한 절대적인 힘을 발휘하는 능력이 있습니다.

맥케이라는 젊은이가 스코틀랜드를 떠나 런던으로 유학길에 오를 때 그의 어머니는 그의 짐 보따리 속에 성경을 한 권 넣어 주었습니다. 그 성경 표지에는 이런 글귀가 적혀 있었습니다.

"아들에게 주는 엄마의 선물"

그리고 밑에는 "멕케이에게"라고 적혀 있었습니다.

런던에서 학창생활을 하면서 그는 친구들과 어울리며 낭만도 즐기고 유흥과 놀이에도 한눈 파느라 신앙생활마저 소홀히 하기에 이르렀습니다. 이에 더하여 어머니가 주신 성경마저 몇 푼 안 되는 돈과 바꾸어 술을 사 마시는 지경에 이르렀습니다.

그러던 그가 정신을 차리고 열심히 공부해서 어렵게 대학교를 졸업하게 되었고, 의사고시에 패스해서 병원에 배치되어 근무를 하게 되었습니다. 그는 독실한 크리스천이 환자로 입원하여 늘 성경을 읽고 묵상하며 지내는 것을 보고 많은 감명을 받았으나 애석하게도 얼마 지나지 않아 그 환자는 하늘나라로 가고 말았습니다.

맥케이는 그 환자의 방에서 그가 평소에 늘 가까이 하던 성경을 발견하게 되었습니다. 성경을 펼쳐본 순간, 그는 얼음처럼 온 몸이 굳어버렸습니다. 그 성경은 바로 자기가 어머니로부터 선물 받았던 그리고 술값을 받고 팔았던 그 성경이었기 때문입니다.

그는 한참 후에야 정신을 차리고 자기 방으로 돌아온 후 그 성경을 천천히 읽기 시작했습니다. 그런데 읽으면 읽을수록 어머니의 사랑이 절절히 가슴에 되새겨지고 말씀이 살아 움직여 그의 영혼과 골수를 찔러 쪼개는 것이었습니다.

그는 하나님 앞에 엎드려 눈물, 콧물 흘리며 회개하고 또 회개했습니다. 그후 그는 자기의 인생길을 바꿔 신학생이 되었고, 주의 종이 되었습니다. 인간의 육신의 병을 고치는 의사에서 영혼을 구원하고 마음의 병을 고치는 하나님의 일꾼이 된 것입니다.

이처럼 성경은 인생의 가치관과 사람의 심령과 인생 자체를 송두리채 변화시키는 능력이 있으며 살아 역사하는 운동력이 있습니다. 성경은 하나님의 말씀이며, 말씀은 곧 하나님 그 자체입니다. 그 말씀, 곧 성경은 우리를 한없이 사랑하시는 하나님의 자비와 은혜의 선물입니다.

소망(所望)

그림은 많은 사람에게 기쁨과 감동을 주기도 하고, 많은 것을 생각하며 느끼게 해주기도 합니다.

세상의 많은 그림 가운데 왓츠가 그린 "소망"이란 작품이 있습니다. 뛰어나게 아름답거나 강렬한 느낌을 주는 그림은 아니지만 많은 것을 생각하게 하며 자신의 삶을 한 번쯤 되돌아보게 합니다.

한 여인이 지구 위에 앉아 있고 세상은 그녀에게 등을 돌리고 있습니다. 뿐만 아니라 그 여인의 눈에는 붕대가 감겨 있습니다. 그리고 그녀의 손은 하프를 움켜쥐고 있습니다.

그런데 그림을 자세히 살펴보면 하프의 줄이 끊어져 있고, 오직 한 가닥 외줄만 남아 있습니다. 이른바 '소망의 줄'입니다. 하지만 그 여인은 유일하게 하나 남은 소망의 줄을 힘껏 퉁기며 감격스럽게 하프를 연주하고 있습니다. 보면 볼수록 감동적인 그림입니다.

사람이 험난한 세상을 살다 보면 그 여인이 움켜쥔 하프처럼 모든 줄이 끊어지고 마지막 남은 한 가닥 외줄에 매달리듯 막다른 골목에 이른 것 같은 절망의 순간을 만날 수도 있습니다.

그러나 우리는 하나님을 향한 소망의 줄, 하나님을 의지하는 믿음의 줄은 절대 끊어지지 않는다는 확신을 가져야 합니다. 하나님께서는 우리가 그 손을 놓지 않는 한 절대로 먼저 손을 놓으시지 않습니다. "실패는 없다. 포기가 있을 뿐이다."라는 말도 있듯이 미리 낙망하고 좌절하여 포기하면 하나님의 구원이 임하기도 전에 스스로 무저갱의 나락으로 들어가는 것과 다를 것이 없습니다.

우리의 삶이 너무 안일하고 믿음이 깊지 않기 때문에 그동안 하나님을 의지하지 않고 세상적인 것들을 의지함으로써 심약하고 흔들리고 좌절하고 낙담하는 것입니다.

이제부터라도 우리는 세상의 썩어질 줄을 끊어 버리고 오직 주님이 주시는 든든한 소망의 끈을 붙들어야 합니다. 하나님이 주시는 생명의 줄, 소망의 줄을 붙들고 살 때 그간 우리에게 닥쳤던 절망과 시련의 걸림돌들이 제거되고 막혔던 담이 허물어지며 걸림돌이 디딤돌로 변화될 것입니다. 사방이 우겨쌈을 당하고, 한 발자국도 앞으로 나가지 못할 궁지에 몰렸을 때 그 피할 길을 열어 주실 분은 오직 주님 한 분뿐입니다. 믿음의 기도는 그 해결책이 될 것입니다. 전심전력으로 매달려 기도하면 꽉 막혔던 담이 뚫리는 기적을 체험하게 될 것입니다.

"고난을 참으면 소망이 피할 길을 인도할 것"입니다. 주님이 역사하시기 때문입니다. 썩어 끊어질 세상의 동아줄이 아니라 끊길 염려가 없는 주님의 소망의 줄을 붙듭시다.

고향(故鄕)

　사람은 누구나 태어나고 자란 고향이 있습니다. 특히 농촌을 고향으로 둔 사람들은 그 다정다감했던 이웃들과 아름다운 산천경계와 철없던 시절의 낭만을 늘 꿈에 그립니다.

　진도의 백구(白狗)가 대전에서 자기의 옛 집을 찾아왔다는 감동적 실화도 있고, 남대천에 풀어놨던 연어의 치어(稚魚)들이 성어(成魚)가 되어 험난한 물길을 거슬러 4년 만에 자기가 태어났던 고향으로 회귀하는 것을 보고 신기함을 넘어 경이로움을 느끼기도 합니다.

　영국의 한 부자가 카나리아 한 마리를 극진히 사랑하여 금반지를 사서 그 발목에 끼워 주기도 하고, 아름다운 꽃 장식 관을 씌워 주기도 하며 18년 동안 애지중지 키워왔습니다.

　어느 날, 그의 부주의로 새장이 열리는 바람에 카나리아는 자유를 찾아 날아가 버렸습니다. 낙담한 부자는 포기하지 않고 신문에 광고를 내는 등 카나리아를 찾기 위해 모든 노력을 다했고, 두 달 만에 카나리아가 아프리카 키네아 지방에 있다는 연락을 받게 되었습니다. 카나리아는 무려 18년이란 긴 세월이 흘렀음에도 불구하고 그 머나먼 고향까지 날아간 것입니다.

그 애틋하고도 안타까운 카나리아의 심정을 이해한 부자는 많은 것을 깨닫고 카나리아를 고향으로 돌려보냈다고 합니다.

이처럼 고향은 하나님이 만드신 모든 피조물들에게 참으로 중요한 곳입니다. 그래서 나라를 잃은 백성이나 고향을 잃고 부평초(浮萍草)처럼 떠도는 나그네를 가장 불쌍하다고 합니다. 북한 실향민들과 사할린 동포들이 그 대표적인 예라 할 수 있을 것입니다.

성경에서도 하나님은 "나그네를 멸시하지 말 것"을 명령하고 있습니다. 성경을 보면 고향과 부모 형제를 떠나 나그네 삶을 살던 아브라함이 부지중에 천사를 대접하는 장면이 나옵니다. 나그네를 대접하는 것이 그들의 전통이고 당연한 인간적 도리였기 때문입니다.

나그네는 고향을 떠났기 때문에 여러 가지로 불편하고 아쉬운 것이 많은 외로운 사람들이므로 그들을 따뜻한 사랑과 관심, 나눔과 배려로 대하며 긍휼히 여겨야 합니다.

본향(고향)을 떠난 사람들은 언제나 고향을 그립니다. 이것은 본능과도 같은 것으로 연어가 다시 남대천으로 귀환하듯이 살아 생전은 물론 죽은 후에라도 반드시 고향에 돌아가기를 소원합니다.

그러나 하나님의 자녀인 우리 성도들은 이 땅에 있는 본향에 집착할 것이 아니라 주님이 계시는 하늘 본향을 사모하며 살아가야 할 것입니다. 우리가 최종적으로 돌아가기를 소망하는 본향이 바로 거기에 있기 때문입니다.

관상(觀相)

얼마 전 "관상(觀相)"이란 영화가 크게 흥행해서 세간의 이목을 끌었습니다. 중국을 비롯한 동남아 국가들 중 유난히 한국인들의 관상에 대한 관심과 그 신뢰도는 참으로 대단합니다. 머리의 골격이나 얼굴의 이목구비(耳目口鼻)를 보고 그 사람의 현재와 미래를 점치는 관상학이 각광을 받고 있는 것을 보면, 결국 사람이란 자기가 모르는 미래에 대한 막연한 기대나 불안감 때문에 더욱 그 열기가 더해 가는 것 같습니다.

옛날, 송나라 범문공이라는 사람이 관상을 잘 보기로 소문난 관상가를 찾아가서 물었습니다.

"이보게. 내 관상 좀 봐주게나. 어때, 내가 앞으로 재상에 오를 수 있겠는가?"

관상가는 범문공을 이리저리 한참을 살펴보더니 "아니되겠는데요."라고 답했습니다.

실망한 그는 발길을 돌릴 수밖에 없었습니다. 그러나 시간이 흐를수록 마음에 걸리는 것이 있어서 몇 달 후에 또 그 관상가를 찾아가서 물었습니다.

"어떤가. 내 관상이 재상감으로는 안 되더라도 혹 의원감은 될 수 있겠는가?"

범문공은 낮은 중인 신분을 제시한 것입니다. 그랬더니 관상가는 의아한 표정을 지으며 반문했습니다.

"왜 의원이 되려고 하십니까?"

"실은 도탄에 빠진 백성들을 건지기 위해서 재상이 되고 싶었는데 안 된다고 하니 병고에 시달리는 사람들을 돕고 싶어서 의원이 되고자 하는 것일세."

"아~ 그렇군요. 당신은 재상이 되겠습니다."

관상가의 천연덕스런 대답에 어리둥절해진 범문공이 되물었습니다.

"아니, 얼마 전에는 안 된다고 말하더니 이제 와서 재상이 되겠다니 도대체 어찌된 건가?"

그러자 관상가가 껄껄 웃으며 이렇게 대답했습니다.

"관상이란 색상(色相)이 먼저이고, 골상(骨相)이 둘째이며, 심상(心相)이 셋째인데, 당신의 골상으로는 재상감이 못 되지만 심상을 보아하니 재상이 되기에 충분합니다."

진정한 아름다움은 내면의 품격과 사랑, 내면의 기쁨과 평안이 얼굴을 통해서 빛과 표정으로 나타납니다. 풍채 좋은 외모 중심의 사람보다는 심성이 고운 사람이 진정 아름답고 멋진 사람입니다.

항상 마음속으로 하나님이 주시는 은혜에 기쁨이 넘치고, 타인을 배려하며 감사할 줄 아는 사람의 얼굴에는 늘 화평과 사랑의 빛과 표정이 나타나게 됩니다.

외모를 고치려고 온갖 수술에 힘쓸 것이 아니라 심성을 곱게 갖는 훈련이 더 필요할 것 같습니다.

헌신(獻身) 1

어느 날, 사람들에게 존경과 신뢰를 받으며 신실하게 살아온 보너 박사가 꿈을 꾸었습니다.

꿈에 나타난 천사가 그의 앞에 서서 커다란 저울을 내보이면서 이제까지 보너 박사가 행한 일을 저울에 달아 보겠다고 했습니다. 보너 박사는 자기가 지금껏 살아온 공로를 인정해 주겠다는 천사의 말에 "감사합니다."를 연발했습니다.

그가 교회를 위하여 헌신 봉사했던 것들을 저울에 달아 보았더니 100kg이었습니다. 그는 천사가 알려 주는 무게를 듣고 무척이나 기뻐하며 의기양양했습니다.

그런데 천사의 표정이 영 석연치 않았습니다. 보너 박사는 은근히 걱정을 하며 물었습니다.

"왜? 뭐가 잘못 되었습니까? 혹 저울에 이상이라도 생겼나요?"

그러자 천사는 "아니, 저울은 극히 정상인데…." 하면서 말을 흐렸습니다. 초조해진 보너 박사에게 천사가 이렇게 덧붙였습니다.

"잘 들어 보시게. 당신의 100kg 내역을 설명할 테니…. 첫째, 자기 이기심에서 행한 열심 14kg, 둘째, 파당을 이루고 자기 세력을 확보하기 위하여 낸 열심 15kg, 셋째, 자기의 명예를 얻으려고 낸 열심 22kg, 넷째, 사람들에게 잘 보이기 위해서 낸 열심 23kg, 다섯, 하나님을 사랑해서 진심으로 봉사한 열심 26kg. 도합 100kg일세."

천사의 말을 듣고 난 보너 박사는 부끄러워 고개를 들 수 없게 되었고, 쥐구멍이라도 있으면 숨고 싶은 심정이 되어 안절부절 못하다가 꿈에서 깨게 되었습니다.

"아~ 이럴 수가! 내가 살아온 지난날들이 이처럼 위선적이고, 자기당착적이며, 나를 위한 이기적인 삶을 살아왔다니…. 하나님, 용서하여 주시옵소서."

보너 박사는 그동안 자기가 주님을 위한 일에 헌신 봉사했다는 착각의 자부심과 위선으로 가득 찼던 자기 교만을 철저히 회개하며 주님이 기뻐하시는 삶을 살았다고 합니다.

헌신(獻身) 2

18세기 영국의 한 시골 교회에서 있었던 실화입니다.

어느 주일, 설교시간에 목사님께서 교회 건축의 필요성과 성도들의 참여에 대하여 말씀했습니다. 그리고 헌금시간이 되자 교인들은 각자 자기의 형편과 믿음의 분량에 따라 성의껏 헌금을 하였습니다.

그런데 헌금바구니가 한 소년 앞에 이르게 되자 머리를 푹 숙인 소년은 울먹이기 시작했습니다. 소년에게는 헌금할 돈이 없었기 때문입니다. 그렇게 울먹이던 소년은 무슨 생각을 했는지 갑자기 헌금바구니를 깔고 앉았습니다. 헌금위원은 물론 모든 성도들과 목사님까지 그 소년의 행동에 놀라지 않을 수 없었습니다.

예배 후에 목사님이 그 소년을 불러서 그 행동에 대하여 왜 그랬는지 물었습니다.

"너는 무슨 생각으로 헌금바구니에 올라앉았느냐?"

그러자 소년은 울먹이며 대답했습니다.

"목사님, 저는 가난해서 교회를 건축하는 데 드릴 돈이 없어요. 그래서 생각 끝에 제 몸을 드리기로 했어요. 하나님이 기뻐 받으실 것 같아서요."

이 말을 듣고 목사님은 고개를 끄덕이더니 "그랬었구나. 그래 잘 생각했다. 하나님도 기뻐하실 거야."라며 소년의 머리를 쓰다듬어 주었습니다. 이 소년이 바로 그 유명한 리빙스턴입니다.

그는 차츰 성장해 가면서 하나님 일에 기꺼이 충성을 다했으며, 말로만이 아닌 행동으로 하나님 사랑에 온 몸을 불태웠다고 합니다.

그는 가난하여 학교에 갈 수 없었기 때문에 방제공장에서 일하며 고학으로 대학에 진학하여 언어, 신학, 의학을 공부하였고, 1840년에는 의료선교사로 남아프리카에 파견되었으며, 전인미답(前人未踏)의 탐험가로도 크게 명성을 떨쳤습니다. 그의 탐험은 호기심이 아니라 선교를 목적으로 했습니다.

결국 그는 죽음의 사선을 넘는 선교사로 아프리카 선교의 아버지가 되었습니다. 소년 시절 마음에 감동을 받아 스스로 헌금바구니에 들어가 교회 건축의 헌물이 되고자 했던 그는 그때 하나님께 서원했던 대로 주님의 나라를 확장하는 일에 자기의 삶과 몸을 아낌없이 바쳤고, 이로 인해 검은 대륙, 미지의 세계는 세상에 얼굴을 내밀고 하나님을 알게 된 것입니다.

한 소년의 신실한 믿음과 약속이 이처럼 크게 영향력을 발휘하고 기독교가 빛과 소금의 역할을 감당하는 데 주춧돌을 쌓는 바탕을 마련했고, 사심 없는 헌신은 기적을 나타내게 하였습니다.

헌금(獻金)

사람은 그 누구를 막론하고 자기 소유에 대한 집착이 그 무엇보다 강함을 절실하게 느끼고 있습니다. 그런데도 자기 것을 제 것이라 여기지 않고 모두 내놓는다는 것은 참으로 이해하기 힘들고, 잘 믿어지지도 않을 것입니다.

성경에 보면 아나니아와 삽비라에 대한 이야기가 나옵니다. 자기 재산을 팔아 일부를 감추고 나머지를 헌금하려다가 비운을 맞는 장면에 놀라고 당황할 수도 있습니다.

헌금의 진정한 의미는 '하나님이 주신 은혜에 감사해서 기쁜 마음으로 드리는 행위'입니다. 따라서 인색한 마음이나 체면치레, 마지못해 드리는 것은 하나님을 기만하는 것입니다.

헌금에는 과부의 두 렙돈 같은 정성과 사랑이 담겨 있어야 하나님이 기뻐 받으십니다.

오래전, 서울 변두리 어느 작은 교회에서 있었던 일입니다.

어느 날, 교회의 재정을 맡은 권사님이 목사님을 찾아와서 조심스럽게 말했습니다.

"목사님, 우리 교회의 김 아무개 집사님 아시죠? 그분은 혼자 살면서 아이들까지 기르느라 남의 집 빨래나 허드렛일을 하는 등 고생이 많은 것 같은데, 많지 않은 수입에서 주일이면 꼬박꼬박 주일헌금을 하고 있으니 그녀에게는 큰 부담이 될 것 같습니다. 차라리 제가 그녀의 헌금을 대신 낼 테니 제 이름은 밝히지 마시고 주일헌금은 그만하시라고 말씀 좀 해주세요."

권사님의 권면을 받고, 그것도 괜찮겠다 생각한 목사님은 그 여집사님을 당회실로 조용히 불렀습니다.

"애들과 생활하시느라 고생이 많으시죠? 다름 아니라 집사님의 딱한 형편을 생각해서 어느 분이 헌금을 대신 내주시겠다고 합니다. 그러니 다음 주일부터 주일헌금은 안 하셔도 괜찮겠습니다."

이 말에 그녀는 몹시 당황해 하며 금세 표정이 바뀌더니 눈물을 뚝뚝 떨어뜨리며 목 놓아 울기 시작했습니다. 이번에는 목사님이 당황해서 손사래를 치며 물었습니다.

"아니, 집사님! 왜 우십니까?"

그러자 그녀가 대답했습니다.

"제가 비록 남의 집 허드렛일을 해가며 고생스런 삶을 살고 있지만 하나님께 드리는 헌금은 제 삶에 보람과 기쁨을 주는 유일한 일인데 제게서 그 기쁨을 빼앗아 가시겠다고요?"

칭찬(稱讚)

카펜터 사장은 자수성가를 한 사람이었는데, 그는 자기 회사 직원들의 업무에 대해 조언이나 격려, 칭찬을 전혀 하지 않았습니다. 매사에 철두철미 완벽을 추구하고, 공식적이고 업무적인 대화 이외에는 전혀 사적인 대화가 없기로도 유명한 사람이었습니다.

그러던 어느 날, 그 회사에서 경리부장을 맡고 있던 맥컬리가 자기 집에서 자살을 하는 사고가 발생했습니다. 이 소식을 들은 사장은 슬픔을 느끼기에 앞서 불길한 생각이 먼저 들면서 '혹시 뭔가 부정을 저지른 것이 아닌가?' 하고 서둘러 그가 담당했던 경리 회계를 조사하도록 지시했습니다. 그러나 철저한 조사에도 불구하고 회계장부는 전혀 지적할 것이 없을 정도로 깨끗했습니다.

며칠이 지난 후, 카펜터 사장 앞으로 편지 한 장이 배달되었습니다. 그 편지는 경리부장 맥컬리가 죽기 전에 발송한 것으로 이런 내용이 적혀 있었습니다.

나는 지난 30여 년 동안 당신과 함께 회사를 잘 이끌어왔습니다. 그리고 나에게 맡겨진 경리 업무를 최선의 노력과 양심을 가지고 처리해 왔습니다. 그러나 당신으로부터 단 한 번도 따뜻한 격려나 칭찬을 받아보지 못했고, 따뜻한 눈길 한 번 받아본 적이 없습니다. 나는 이제 지칠 대로 지쳤으며 더 이상 삶의 의미도 찾을 수가 없습니다. 이런 무미건조한 세상을 더 살아본들 무슨 가치가 있겠습니까? 그래서 모든 것을 정리하고 먼저 갑니다.

심리학자 윌리암 제임스는 이렇게 말했습니다.

"인간 본성의 가장 깊은 원리는 남의 인정을 받고자 하는 열망이다."

사람은 기본적으로 타인으로부터 인정 받고 싶은 욕구를 가지고 있습니다. 더욱이 손윗사람이나 사랑하는 사람으로부터 칭찬과 인정을 받고 싶어 하는 욕구가 강합니다. 그러므로 우리는 소중한 사람의 그 욕구를 채워 주고, 세워 주는 칭찬을 생활화해야 합니다. 쑥스럽고 어색한 칭찬이 아닌 좀 더 정성이 깃든 칭찬을 개발하고 장려해야 합니다. 그러기 위해서는 평소에 칭찬하는 훈련이 필요합니다.

칭찬하는 데는 물질과 수고가 필요하지 않습니다. 마음에서 우러나는 진심과 사랑이 배어 있으면 그것으로 족합니다. 사람이 칭찬을 받게 되면 자신감을 갖게 되며, 삶에 의욕이 생겨나고, 끌어올릴 수도 있으며, 가족은 물론 대인관계도 원만해지고, 영적인 삶에도 활기가 넘치게 될 것입니다. 우리 모두 험담은 멀리하고 칭찬에 인색하지 맙시다.

기회(機會)

　"기회"란 "찬스"라고도 하고, '인내하며 기다렸더니 빛을 볼 수 있는 여건이 마련되었다'는 뜻으로 해석하기도 합니다. 세계적인 명배우나 운동선수 중에는 주역들의 그늘에 가려 빛도 없이 이름도 없이 기회만을 노리고 있던 무명인들도 많이 있습니다. 케리 쿠퍼나 록 허드슨, 서영춘이나 송해 그리고 운동선수 중에는 주전의 사고나 결장으로 대타로 나섰다가 하루아침에 대 스타가 되는 행운아들도 많이 있습니다.

　관현악의 명지휘자 토스카니니는 지독한 근시였다고 합니다. 그는 지휘자가 되기 전에는 첼로 연주자였으며, 바이올린에도 대가의 경지에 이른 사람입니다. 하지만 근시가 너무 심해서 악보를 제대로 볼 수 없었기 때문에 연주할 때마다 실수를 할까봐 늘 불안했고, 그로 인해 많은 스트레스를 받았다고 합니다. 그래서 그는 고민 끝에 아예 악보를 송두리째 외우기로 했습니다. 자기가 맡은 악기만이 아니라 다른 악기들과의 조화를 위해서 전곡(全曲)을 외워야 했습니다.

　그러기를 얼마나 했을까?

어느 날, 그가 속해 있던 오케스트라의 지휘자가 부득이한 사정으로 갑자기 무대에 서지 못하게 되었습니다. 모두는 당황했고, 임시방편으로 전곡을 외우고 있는 토스카니니를 대신 지휘자로 나서게 했습니다. 그 말고는 아무도 전곡을 외우고 있는 사람이 없었기 때문입니다.

무사히 지휘를 마친 토스카니니는 많은 사람들로부터 인정 받기에 이르렀고, 그 연주회를 계기로 지휘자의 길을 걷게 되었다고 합니다. 준비된 자에게는 반드시 기회가 옵니다.

인생의 긴 여정에서 우리는 많은 어려움에 부딪히게 됩니다. 입학시험에서 낙오하거나 입사시험에서 낙방의 쓴 맛을 보게도 됩니다.

인생 행로에 크고 작은 돌부리는 언제 어디에나 존재합니다. 크리스천에게도 이런 고난이 예외일 수는 없습니다. 그러나 연약한 새싹들이 무거운 흙덩이를 뚫고 올라오듯이 참고 기다리는 수고를 감내해야 합니다. 예비된 축복과 치열한 삶에서의 승리를 위해 내게 주어진 현실을 고난이라는 연단을 통해 한층 더 성숙되는 기회로 삼아야 할 것입니다.

또한 하나님께서는 우리가 감당할 만큼의 어려움만 주시고 그 대처 방안까지 예비해 주신다고 약속하고 계십니다. 그러므로 삶의 성패는 평안할 때가 아니라 어려움을 당할 때에 결정된다고 해도 과언이 아닙니다.

아무런 고난 없이 평안을 누리며 사는 사람이 과연 얼마나 될까요?

마찬가지로 신앙생활 역시 여유롭고 평안한 가운데에서는 큰 깨달음이나 절실함을 체험하기 힘듭니다. 믿음의 승리자들은 갈급함과 고난을 슬기롭게 극복한 사람들임을 명심합시다.

큰 뜻(雄志)

미국 매사추세츠 농과대학장이었던 윌리엄 클라크 박사는 개화기를 막 벗어난 일본 정부로부터 농업학교를 만들어 달라는 요청을 받고, 현재의 홋카이도 대학의 전신인 삿포로 농학교의 초대 교감으로 특별히 초청되었습니다. 독실한 크리스천이었던 그는 1876년 성경 40권을 들고 일본에 들어갔습니다. 그러나 일본 세관으로부터 성경 반입을 금지당했고, 클라크 박사는 "그렇다면 나는 미국으로 돌아가겠다."고 단호히 말했습니다.

그의 강경하고도 단호한 태도에 당황한 세관원은 상부에 보고했고, "무조건 통과시키라."는 지시를 받게 되었습니다.

삿포로 농학교에 부임한 클라크 박사는 식물학뿐만 아니라 자연, 과학까지 가르쳤고, 저녁에는 학생들에게 성경을 가르치며 복음을 전했습니다. 그 결과, 거의 모든 학생들이 크리스천이 되었으며, 그후 많은 인재들이 교계, 학계, 국제관계 등의 요직에 나아가게 되었습니다.

불과 9개월이라는 짧은 기간에 막대한 영향력을 발휘하고 떠난 그는 20세기 일본 현대사에 크게 이바지한 큰 인물이기도 합니다.

클라크 박사가 일본을 떠나며 사랑하는 제자들에게 고별인사로 남긴 말은 지금도 '명연설'로 길이 남아 기억되고 있습니다.

Boys, be ambitious for Christ! Be ambitious not for money or for selfish aggrandizement, not for that evanescent thing which men call fame. Be ambitious for Christ that attainment of all that a man ought to be.

소년들이여, 그리스도를 위하여 큰 뜻을 품어라! 돈을 위해서가 아니라 사리사욕의 확장을 위해서가 아니라 명성(名聲)이라는 허망한 꿈을 위해서가 아니라 그리스도를 위하여, 어떠한 열매를 맺어 드릴 것인가 하는 큰 뜻을 품어라.

우리 어른들도 자라나는 청소년들에게 "큰 뜻을 품으라"고 격려하고 주문합니다. 천하를 좌우하고 그 명성을 사해에 떨칠 크고 원대한 꿈을 가지라고 한껏 소년들의 욕망을 자극합니다. 나중에 커다란 호박이 아니라 조롱박이 되더라도 우선은 호기(豪氣) 있게 꿈이라도 크게 가져보기를 소망합니다. 꿈이 있어야 목표가 세워지고 목표가 있어야 역량을 집중할 수 있기 때문입니다. 문제는 그 꿈이 어떤 것이냐 입니다.

심인(尋人)

"심인(尋人)"이란 '사람을 찾는다'는 말입니다. 비슷한 말로 "심방(尋訪)"이란 말을 쓰기도 합니다. 둘 다 '사람을 찾는다'는 말이지만 엄밀히 따지면 그 성격이 많이 다릅니다. "심방"이란 '있는 사람을 찾아간다'는 뜻이고, "심인"은 '사람을 찾는다', 다시 말해 찾고 있는 사람이 어디 있는지 몰라 그 소재를 찾는 것을 뜻하는 말입니다.

그리스 철학자 디오게네스는 대낮에도 등불을 들고 사람을 찾으러 다녔다고 합니다.

예수님께서도 이 땅에 오셔서 많은 사람들을 찾아다니셨습니다. 물론 더 많은 사람들이 예수님을 뵙기 위해 찾아오기도 했지만, 예수님께서는 예수님이 필요로 하는 사람을 수시로 찾아다니셨습니다. 그래서 베드로를 비롯한 열두 제자를 만나기도 하셨고, 힘없고 가난한 이웃과 병자들을 손수 찾아다니셨습니다.

이처럼 사람이 사람을 찾는 것은 극히 자연스러운 일로써 오늘날 역시 사람 찾는 일은 계속되고 있습니다.

옛날, 중국 도가사상의 대가였던 장자가 하루는 제자들과 담소를 나누고 있었습니다. 그의 제자 중 하나가 말했습니다.

"선생님, 저는 참 이상한 사람을 보았습니다."

"그게 누군가?"

"누군지는 잘 모르겠으나 어느 집에서 이사를 가는데 글쎄 세 간을 잔뜩 싣고 가면서 자기 처자를 버려둔 채 떠나는 것이었습 니다."

그러면서 그는 고개를 갸웃거렸습니다. 이 말을 들은 스승은 이 렇게 말했습니다.

"그렇군. 거 참 이상한 사람이로군. 그런데 나는 그보다 더 이상 한 사람을 보았다네."

"예? 그보다 더 이상한 사람이라고요?"

"이삿짐과 처자를 가득 싣고 이사를 가면서 자기를 빠뜨리고 가 는 사람일세."

"선생님, 처자야 곧 찾으면 되겠지만 자기는 어디서 어떻게 찾 아야 합니까?"

그러자 스승은 한참 뜸을 들이더니 이렇게 대답했습니다.

"자기가 누구인지를 알아야 찾을 것 아닌가? 그러니 우선 자신 이 누구인가를 먼저 알아야 하지."

성 어거스틴은 기도할 때마다 이렇게 물었다고 합니다.

"하나님, 하나님은 누구시며, 또 저는 누구입니까?"

그는 하나님을 알기 원하는 것만큼 자기 자신을 알기 원했던 것입니다.

　사실 자신을 아는 것은 매우 중요합니다. 하나님 앞에서 자신의 모습을 바르게 아는 사람만이 진정으로 하나님의 뜻을 분별할 줄 알기 때문입니다. 그러므로 우리는 자기 자신을 늘 성찰하며, 경건 된 삶을 살도록 노력해야 하겠습니다.

자극(刺戟)

러시아의 과학자들이 동물들과 인간의 수명에 대한 연구를 시작했습니다.

그들은 먼저 동물들을 대상으로 실험을 시작했습니다. 동물들을 두 그룹으로 나누어 한 그룹에는 조용하고 상쾌하며 영양가 많은 먹이를 넉넉하게 주고, 아무 위협도 받지 않는 이상적인 환경에 살게 하였고, 또 하나의 그룹에는 소음 공해와 열악한 환경과 영양가 없는 먹이를 항상 부족하게 주어서 서로 아귀다툼질을 해야만 겨우 배를 채울 수 있도록 하였고, 항상 자기를 괴롭히는 힘센 자의 두려움 속에서 눈치를 살피며 살아야 하는 환경을 만들어 주었습니다.

그런데 3년이 지난 후 그 결과를 보았더니 놀랍게도 먼저 죽거나 병들어 있는 쪽은 살기 좋은 환경에 속한 그룹의 동물들이었다고 합니다. 모든 것이 이상적인 환경에서 놀며 그 어떤 자극이나 걱정 없이 살던 동물들은 무기력과 운동 부족에 의한 소화불량과 면역력 결핍으로 이런 결과를 가져온 것입니다.

사람들을 대상으로 한 실험결과도 동물들과 크게 차이를 발견할 수 없을 정도로 그 결과치가 유사했다고 합니다. 적당한 자극이나 어느 정도의 긴장감은 오히려 생활의 활력소 역할을 감당한다는 사실을 입증하게 된 것입니다.

요즘은 힐링 바람이 유행처럼 번지고 있습니다. 사실 알고 보면 이것이 어제 오늘에 생겨난 특별한 치유법이 아니라 오래전, 태고 적부터 인간이 필수적으로 가지고 태어난 산물이라고 할 수 있습니다. 왜냐하면 인간은 두 발로 걷고, 두 손으로 무언가를 만지고 만들어야 하며, 문제해결을 해야만 적자생존의 세상에서 살아나갈 수 있도록 창조되었기 때문입니다. 그러므로 인간은 생각해야 되고, 해결해야 되고, 움직여야만 살아갈 수 있는 존재입니다.

날마다 호의호식하며 사소한 것까지 하인들을 시키며 일락(逸樂)하던 어느 부자가 병이 들어 소문난 명의를 찾아가서 상담을 했습니다. 그러자 그 명의는 부자에게 이렇게 말했습니다.

"당신의 몸속에는 악성 병균이 퍼져서 이대로 두면 곧 죽을 수도 있습니다."

놀란 부자는 "선생님, 저 좀 살려 주십시오. 제가 어떻게 하면 살 수 있겠습니까?" 하고 매달렸습니다.

"앞으로 내가 그만 오라고 할 때까지 매일 당신의 집에서 여기까지(약 2km) 걸어서 왕복하십시오."

"예, 반드시 그렇게 하겠습니다."

이렇게 약속을 한 후 부자는 의사의 말대로 했고, 1년 만에 병이 깨끗이 나았다고 합니다. 물론 좋은 약도 썼겠지만, 매일 십여 리 길을 걷는 운동이 그의 병을 낫게 한 것입니다.

부자는 한때 나태와 일락에 빠져 움직이는 것을 싫어했고, 그 머리는 항상 '어떻게 하면 재산을 늘릴 수 있을까? 어떻게 하면 좀 더 편히 남을 부리며 누리고 살 수 있을까?'에 골몰하며 움직이는 일에는 늘 게을렀기 때문에 날로 건강이 악화되었던 것입니다. 그러나 의사의 처방으로 병도 고칠 수 있었고, 의욕도 증진되어 기분도 상쾌해졌으며, 절제 있는 삶을 살게 된 것입니다. 따라서 자극이야말로 삶의 균형을 유지해 주는 명약이요, 처방전이라 할 수 있을 것입니다.

새싹

5월의 어느 날, 필자는 확실한 무농약 채소를 공급해 줄 방법과 자경재배를 시험해 보고자 그간 애지중지 가꿔오던 화초들을 과감히 이웃들에게 나누어 주고 빈 화분들에 상추를 비롯하여 무, 배추, 고추 등을 정성 들여 가꿔보았습니다. 그러나 경험 부족과 환경적 여건 때문에 실패를 거듭하고 말았습니다. 아무리 취미라고는 하지만 농사라는 것이 그렇게 쉬운 것이 아니었습니다.

거듭된 실패와 시행착오 끝에 지금은 '새싹'을 성공적으로 기를 수 있게 되었습니다. 참으로 탐스럽고 아름답기까지 한 새싹을 한 주에 한 번씩 번갈아 수확하며 기쁨을 두 배로 느끼고 있습니다. 첫째는 가족이 싱싱한 무공해 자경(自耕) 새싹을 맛있게 잘 먹으니 느끼는 기쁨이고, 둘째는 그 새싹을 재배하는 기쁨입니다.

실패 끝에 터득한 진리, 바로 새로운 깨달음입니다. 아무리 노력을 하더라도 내 뜻대로만 되는 것이 아니라는 것이지요.

식물이 제대로 성장하려면 농부들의 손길과 정성으로 흙을 고르고, 씨를 잘 뿌리고, 거름을 적당히 주고, 때에 맞춰 물을 주며, 햇볕을 받게 하고, 바람이 잘 통하도록 위치를 정하는 등 많은 관심과 노력이 따라야 합니다. 그중에서도 가장 중요한 것은 햇빛과

물, 공기 그리고 땅의 기운(地力)이 절대적인데 이것들은 하나님만이 하실 수 있는 절대영역입니다. 오로지 하나님께서 세상 그 누구에게나 골고루 값없이 주는 은혜와 사랑인 것입니다.

하지만 똑같은 조건에서, 똑같은 사람이 똑같은 수고를 하며, 햇빛과 공기의 혜택을 똑같이 받아도 우열(優劣)이 생기고 많은 차이를 나타냅니다.

마찬가지로 사람들 역시 이와 비슷한 결과를 나타내고 있어서 참으로 신기하다는 생각을 하게 되었습니다.

새싹들이 그 단단한 껍질을 깨고 무거운 흙더미를 뚫고 올라오는 모습에 하나님이 섭리하시는 경이로움 그리고 그 인과관계(因果關係)를 새삼 느낌과 동시에 이런 생각을 해보았습니다.

"줄탁동시(茁啄同時)", 이 말은 알이 부화되려면 새끼는 안에서 자기가 세상에 나갈 준비가 되었다고 삐약삐약 소리쳐 알리고, 어미는 밖에서 껍질을 쪼아 새끼 탄생을 돕는다는 것입니다.

똑같은 조건에서 태어난 인간이나 동물들도 같은 부모로부터 동일한 DNA를 가지고 태어나지만 형제들끼리 아롱이 다롱이가 나온다는 것, 참으로 신기하지 않습니까?

농부가 농사를 잘 짓기 위해서는 숙련된 솜씨와 매뉴얼에 따라 최선의 노력을 다해야 하고, 씨앗은 씨앗 나름대로 자기에게 주어진 자기 몫의 생명 탄생 노력에 최선을 다해야 합니다.

선행(善行)

"위선자(爲善者)는 천보지이복(天報之以福)하고 위불선자(爲不善者)는 천보지이화(天報之以禍)니라."

이 말은 『명심보감(明心寶鑑)』 "계선편(繼善篇)"에 나오는 말로 '선을 행하는 사람은 하늘로부터 복을 받고 불의를 행하는 자는 하늘이 화를 내리신다'는 뜻입니다.

자고로 자기가 선을 행하면 자기만이 아니라 자식의 대(代)에라도 그 복을 받게 된다고 했습니다. 그만큼 선행을 중시하며 권선징악(勸善懲惡)을 삶의 규범으로 장려했기에 성경에도 선한 사마리아인의 비유를 비롯해서 많은 선행들이 기록되어 있습니다.

중국에서 사역을 하던 한 선교사가 홍수로 인해 갑자기 불어난 강물을 건너다가 그만 발을 헛딛는 바람에 급류에 휩쓸려 떠내려가고 있었습니다. 그때 마침 이 광경을 목격한 한 농부가 거침없이 흙탕물로 뛰어들어 선교사님을 간신히 붙잡아 물가로 끌어내었습니다. 두 사람 모두 기진맥진하여 한참동안 서로 말 한마디 하지 못했습니다.

간신히 정신을 먼저 차린 선교사가 생명의 은인을 바라보며 말했습니다.

"정말 감사합니다. 생명의 은인이신 선생님의 성함을 알고 싶습니다."

그러자 겨우 정신을 차린 농부가 서서히 몸을 일으키며 대답했습니다.

"어려울 때 돕는 것이 인지상정(人之常情) 아닌가요? 죽어가는 사람을 돕는 것은 당연한 일인데 이게 뭐 대단한 일이라고."

농부는 쑥스럽다는 듯이 웃으며 그냥 돌아섰습니다. 이에 당황한 선교사는 그 농부 옷깃을 붙들며 다시 한 번 부탁했습니다.

"그래도 이렇게 헤어지다니…. 성함만이라도 알려 주시면 나중에 찾아뵐 수 있을 텐데요."

이 말에 농부는 웃음 띤 얼굴로 선교사를 바라보며 이렇게 말했습니다.

"제가 읽고 있는 성경에도 선한 사마리아인의 이름은 기록되어 있지 않더군요."

이 말을 남긴 그 농부는 언제 그런 일이 있었던가 싶을 정도로 태연하게 자기 갈 길을 갔습니다.

선교사는 다시 살아난 기쁨과 그 농부에 대한 감사함이 물밀듯 밀려왔습니다. 그리고 이어서 부끄러운 자신을 돌아보게 되었습니다. 도움의 손길에 감사인사를 늘 기대했던 지난날의 자신의 모습. 그래서 그는 무릎을 꿇고 회개와 감사의 기도를 드렸습니다.

세상을 살다 보면 우리도 환난과 역경에 빠질 때가 있습니다. 이때 모두가 제사장이나 레위인처럼 못 본 척하고 지나친다면 어떻겠습니까? 물론 하나님께서 결코 모른 척하시지는 않겠지만, 사람들이 서로 돕고 서로 위로하고 격려하는 것이 사람의 기본 도리라고 생각합니다. 도움을 받는 것도 물론 좋은 일이기는 하지만 도와주는 기쁨과 보람과는 비교조차 할 수 없을 만큼 크다는 사실을 느껴본 사람은 다 압니다. 그것은 바로 주님께서 기쁨과 보람이란 상급으로 크게 보상하시기 때문입니다.

아름다운 손

아름다운 손은 밀가루 반죽처럼 하얗고, 매끄럽고, 부드러운 손이 아닙니다. 빨갛게 '매니큐어'를 칠한 손도 아닙니다. 이런 손은 예쁜 손은 될 수 있어도 아름다운 손이라고 말할 수는 없을 것입니다.

고사리 같은 손을 도와서 곤지곤지를 가르치는 엄마 손
아장아장 걸음마 할 때 넘어질까 염려하며 긴장하는 엄마 손
새 발, 까마귀 발 그려가는 손을 인도하는 자상한 엄마 손
예쁜 머리 곱게 빗어 리본 매달아 주는 엄마 손
고운 얼굴 돋보이라고 한 땀 한 땀 꼬까옷 바느질하는 엄마 손

평생 입맛이 되어버린 사랑 듬뿍 배인 음식 만들던 엄마 손
더운 여름 시원하라고 등 물 끼얹어 주시던 손
잠잘 때 파리 모기 날리며 부채질 하시던 손
배 아프다고 칭얼댈 때 아픈 배를 쓸어 주시던 손
시린 손을 호호 불어 주며 두 손을 비벼 주시던 손

잘했다 칭찬하며 머리 쓰다듬어 주시던 격려의 손

낙심하고 실망할 때 어루만지며 다독여 주시던 자애로운 손

별 것도 아닌 일에 박수 치며 용기와 자신감을 심어 주시던 손

작은 정성에도 대박 맞은 것처럼 두 손 맞잡고 감사해 하시던 손

어려운 사람을 만나면 도움의 손길 내미시던 따뜻한 그 손

이런 손들 물론 아름다운 손입니다. 그러나 무엇보다 아름다운
손은 이런 손인 것 같습니다.

약한 자를 부축하고, 넘어진 자를 일으키며,

남이 싫어하는 일을 자진해서 솔선 수행하고,

생색내지 않고 봉사하며, 거친 손에 신경 쓰지 않으며,

잘했다 칭찬하며 박수로 격려하고,

두 손 모아 성심으로 기도하는 손

다시 한 번

옛 글에 보면 이런 글귀가 있습니다.

"양농불위 수한불경(良農不爲 水旱不耕)이요 양고불위 절열불시
(良賈不爲 折閱不市)라."

'신실한 농사꾼은 수해나 가뭄이 들었다 하여 농사를 포기하는
일이 없으며, 노련한 장사꾼은 이익이 없다 하여 문을 닫고 장사를
그만두지 않는다.'라는 뜻입니다.

금년에는 전 세계적으로 천재지변이 속출하여 온 인류가 고통
을 받으며 재난(災難)으로 많은 어려움을 겪고 있습니다.

우리나라도 예외 없이 긴 장마와 수해로 아우성입니다. 엄청난
손실을 본 농민들, 특히 비닐하우스 재배 농민과 저지대 수재민들
그리고 가난한 소시민들의 시름은 보기에도 너무나 안타깝습니
다. 거기에 경기침체와 실업사태까지…. 이럴 때 가장 필요한 위
로와 격려의 말이 바로 위에서 말한 16글자가 아닐까요? 그 위에
주님의 위로까지 더하신다면 더욱 좋겠지요. 그들의 아픔이 곧 우
리의 아픔이요 고통입니다.

'하나님의 사람'이라 자부하는 우리 성도들도 때로는 주님에 대한 사랑과 열정이 식고 침륜(沈淪)에 빠져 낙망하며 방황할 때가 얼마나 많은지 모릅니다. 이럴 때 우리는 말씀에 위로 받고 새 소망을 갖는 것은 물론, 위에 적은 16글자를 상기(想起)하며 마음을 추스르는 것도 큰 도움이 되리라 생각됩니다.

새 힘을 얻고 우리 모두 새 출발합시다.

진짜 사람

"노요지마력(路遙之馬力)이요 환난견진정(患難見眞情)이라."는 말이 있습니다. 이 말은 '길이 멀어야 말(馬)의 힘을 알 수 있고, 환난을 당해봐야 진짜 사람(참사람)의 마음을 알 수 있다'라는 뜻입니다.

가룟 유다는 말할 것도 없고, 열두 제자 중 으뜸이었던 베드로마저 주님을 세 번이나 부인했던 배신자였습니다. 하물며 보통 인간인 우리는 어떤 모습으로 살아왔을까요? "달면 삼키고 쓰면 뱉는" 식으로 헤아릴 수 없이 사랑과 배신을 반복해 오지 않았을까요? 우리의 사정과 형편, 득실에 따라 사랑하고, 배신한 것이 그 얼마였을까요?

하지만 신실하신 주님께서는 단 하나밖에 없는 자신의 귀한 생명까지 바치면서 끝까지 우리를 사랑하셨습니다. 주님에게 결코 "배신(背信)"이란 있을 수 없는 단어인 것입니다.

"우리의 연약함 가운데서 주님은 전능하십니다

우리의 의로움 가운데서 주님은 신실하십니다

무엇을 해야 할지 모르는 우리의 무능함 가운데서

주님은 우리의 지혜가 되십니다

우리의 슬픔 가운데서 주님은 우리의 기쁨이 되십니다

우리의 덧없는 목숨 가운데서 주님은 우리의 생명이 되십니다

주님! 우리는 이 모든 것을 이제야 깨달았습니다

주님! 우둔한 우리를 조건 없이 사랑하심에 내 잔이 넘치나이다

주님! 우리를 긍휼히 여기시고

우리 죄를 용서하여 주시옵소서."

후회(後悔)

"서제막급(噬臍莫及)"이란 '배꼽을 물려고 해도 입이 배꼽에 닿지 않는다'는 뜻입니다. '일을 그르친 뒤에는 후회를 해도 소용이 없다'는 뜻으로 사용되는 말인데 흔히 "후회막급"이라는 말로도 많이 인용되고 있습니다. 즉 후회하기 전에 현명하게 처신하고 대처하라는 충고의 말이기도 합니다. 성경에 나오는 열 처녀의 비유가 이에 가장 잘 어울리는 비유라 할 수 있을 것입니다.

우리 주변을 살펴보아도 이런 일은 자주 목격됩니다. 내 자신이 삶을 살면서도 부지중에 이런 일을 만들기도 하며, 그 폐해로 인해 후회를 반복하기도 합니다.

사전에 좀 더 생각하고, 좀 더 신중하게 판단해서 실패를 최소화해야 함에도 불구하고 그 알량한 자존심을 내세우거나 교만의 뿌리에서 나오는 고집 때문에 대충 살펴보고 성급히 해치우려다 보면 많은 시행착오와 손해를 감수해야 할 때가 참으로 많습니다.

"'빨리빨리'가 오늘날 한국의 눈부신 발전의 원동력이 되었다"고 자랑을 하는가 하면, 한국인의 그 '빨리빨리' 때문에 모든 일을 대충대충 하는 버릇이 습관화 되어서 일의 결과가 헛점투성이거나 뒷손질에 오히려 비용과 시간을 더 허비하는 결과를 낳는다고 서로 엇갈린 주장을 하기도 합니다. 어쨌거나 치밀하지 못하고 보다 분석적이고 논리적이지 못한 패턴(버릇) 때문에 적잖이 그 대가를 지불해야 하는 것은 분명한 사실입니다.

정치적인 논리나 자신이 책임을 지고 있는 동안 그 치적(治績)을 과시하려고 막대한 비용을 들여서 청사를 짓는가 하면, 공설운동장, 비행장, 경전철, 산업단지 등 천문학적인 세금을 들여서 한껏 자랑을 하고 있지만 실상 그 활용도나 효용가치는 경제원리와는 전혀 딴판인 결과를 초래하여 지방 재정을 파탄에 이르게 한 지방자치장들이 부지기수에 이르고 있습니다. 그 막대한 비용을 복지나 재정 건전성 확보에 투자를 했더라면 국익에 얼마나 도움이 되었을까요?

"소년이 늙는 것은 쉬운 일이나 학문을 이루기는 어려우니 세월을 아껴 일 분 일 초라도 가벼이 여기지 말라"고 합니다. 옳은 말이기는 하지만 사람들이 그렇게 하고 있습니까? 세상과 친구들, 오락과 놀이에 젊은 날을 허송하다가 나중에 정신이 들었을 때는 후회와 낙심만 남게 됩니다. "지난날은 무효야."라고 외쳐본들 대답 없는 메아리만 남게 됩니다.

비 설거지

비가 내리기 전에 낡은 것을 손질하고 지붕을 고쳐야 비를 피할 수 있듯이 미래를 대비해서 사전준비를 게을리 하지 말아야 합니다.

하나님은 때를 정하시고 시간을 주관하십니다. 날 때가 있으면 죽을 때가 있듯이, 알파와 오메가 되시는 하나님이 세상 모든 일을 주관하시는데도 우리는 간혹 이 사실을 잊을 때가 있습니다. 그래서 시작하는 것도 내 마음대로 정하고, 끝을 맺는 것 역시 내 마음대로 결정합니다.

그러나 그것은 결코 현명한 일이 못 됩니다. 전도서에서도 분명히 이렇게 강조하고 있습니다.

"천하의 범사에 기한이 있고 모든 목적이 이룰 때가 있나니… 죽일 때가 있고 치료시킬 때가 있으며 헐 때가 있고 세울 때가 있으며 울 때가 있고 웃을 때가 있으며 찢을 때가 있고 꿰맬 때가 있다…"

그러므로 무릇 하나님이 행하시는 일은 영원한 것이며 더할 수도 없고 덜할 수도 없다고 정의하고 있습니다.

비가 오기 전에 비 설거지를 하거나 장마에 대비해서 저수지를 보수하고 하천과 논둑을 보수, 정비하며, 산사태를 미연에 예방하도록 조치를 취하는 것은 당연한 일일 수밖에 없습니다. 그러나 대다수의 사람들은 홍수가 나서 강이 범람하고, 산사태로 많은 피해를 당한 후에야 허둥지둥 그것을 보수하려고 안간힘을 씁니다. 소위 '호미로 막을 것을 가래로도 못 막는' 우(愚)를 범합니다. 그리고 후회합니다. 앞으로는 그러지 말자고 다짐하지만 그때뿐입니다.

분명 장마를 앞두고는 비 피해를 대비해야 하고. 또 추위를 앞두고는 월동 준비를 해야 합니다. 봄이면 씨앗을 뿌리고, 가을에는 거둬들여야 합니다. 이렇듯 하나님이 주관하시는 세상일은 인간이 조금만 정신을 집중하고 골몰하면 하나님의 섭리를 어느 정도 깨달을 수 있습니다. 하지만 이런 하나님의 질서마저 무시하거나 등한시 하게 되면 엄청난 대가를 지불해야 합니다. 우리가 하나님의 뜻, 하나님의 질서에 민감히 대처하고 순종하면 그 은혜를 누릴 수 있습니다.

때란 기회이기도 합니다. 때를 놓치면 아무 소용이 없습니다. 아니, 손해를 보게 됩니다. 다시 말해 기회비용을 지불해야 합니다. 기회는 항상 오는 것이 아닙니다. 우리 모두는 그때를 놓치지 않게 주님 오실 날을 대비하여 영생의 기회를 붙잡아야 합니다.

명기(名器)

　추운 겨울, 찬바람이 몰아치는 광장 한구석에 초라한 노인이 바이올린을 연주하며 지나가는 행인들에게 동전을 구걸하고 있었습니다. 그러나 누구 한 사람 동정은커녕 거들떠보는 사람조차 없었습니다.

　그러기를 한참이 지났을까. 이때 한 신사가 노인에게 다가가 무언가를 이야기하더니 노인이 연주하던 악기를 넘겨받아 연주를 시작했습니다.

　그러자 행인들이 광장에 울려퍼지는 바이올린 선율에 이끌려 하나 둘 몰려들기 시작하더니 얼마 지나지 않아 구름처럼 연주자 주위를 에워쌌습니다. 그리고 노인이 내려놓은 모자에는 금세 금화, 은화, 동전들이 넘쳐 흐르게 되었습니다.

　그때 누군가가 외쳤습니다.

　"파가니니다! 파가니니!"

　그렇습니다. 그 신사는 바로 세계적인 거장, 천재 바이올리니스트 파가니니였던 것입니다. 많은 사람들이 당대의 거장 파가니니의 수준 높은 연주를 깨달았던 것입니다.

아무리 좋은 명기(名器)라도 연주자(演奏者)를 잘못 만나면 빛을 발할 수 없습니다. 반대로 아무리 하찮은 악기라도 명연주자(名技)를 만나면 명기(名器)로 바뀔 수 있는 것입니다.

가장 큰 자 '사울'이 가장 작은 자 '바울'로 바뀌고, 어부 '시몬'이 주님의 수제자인 '베드로'로 바뀐 것도 같은 원리입니다. 그러기에 초대교회의 반석이 된 베드로나 위대한 사도로 선교에 새 지평을 열었던 바울도 주님을 만나고 나서 그 인생이 변하고, 믿는 자들의 본이 되는 자리에 우뚝 서게 된 것입니다.

그렇다면 당신의 연주자는 과연 누구입니까?

그림자

"가게무샤(影武者)"란 '그림자 무사'라고 할 수 있는데 복제인간을 상징하는 말이기도 합니다. "가게무샤"의 어원(語源)은 다음과 같습니다.

일본 전국시대 말기, 막강한 오다 노부나가(織田信長)와 도쿠가와 이에야스(德川家康)의 연합군에 대항하다 쓰러진 다케다 신겐이 그의 파벌을 지키기 위해 자신이 죽은 사실을 숨기고 자기와 꼭 닮은 사람을 대리로 내세워 가짜 행세로 적을 속였습니다. 바로 이 짝퉁으로 대리 노릇한 사람을 "가게무샤"라고 불렀습니다.

역사적으로 볼 때 이런 일은 그리 어렵지 않게 찾아볼 수 있습니다. 예를 들면, 우리나라의 충무공 이순신의 경우에도 일본군과의 해전(海戰)에서 적탄에 쓰러지면서도 자신의 죽음을 알리지 않도록 해서 그 전쟁을 승리로 이끌었고, 삼국지연의에서도 죽은 공명이 산 중달(仲達)을 혼비백산케 하여 촉군이 큰 위기를 벗어났습니다. 이 외에도 전쟁사(戰爭史)를 읽어보면 이런 일들이 종종 있었음을 역사는 기록하고 있습니다.

요즘은 정치판 선거전에서도 이를 목격하게 됩니다. 리틀 박이 나오고, 리틀 DJ가 나오고, 김일성이 나오고, 맑스 레인이 나오기도 해서 진보와 보수 간의 이념 대립으로 나라가 시끄럽고, 민생은 뒷전인 채 그림자 무인들의 분탕질로 온통 나라가 시끄럽고 혼란스럽습니다. 뿐만 아니라 존경 받고 사회에 덕을 끼치며 자숙해야 할 종교지도자들마저 주님의 '그림자'를 자처하며 온갖 스캔들을 일으키며 부끄러운 줄도 모르고 있으니 안타깝습니다.

그래도 역사적 인물들의 "가게무샤"는 나라와 민족과 평화와 안녕을 위해서 살신성인의 모습으로 우리에게 감동과 존경과 흠모의 정을 느끼게 하지만, 요즘의 "가게무샤"들은 혹세무민(惑世誣民)하는 자들과 무엇이 다른지 개탄하지 않을 수 없습니다.

예수님을 시험하고, 뭇성도들을 죄의 길로 인도하고, 사망의 길이 마치 천국 가는 지름길인 양 호도하는 사이비 종교인들, 그들이 지금 이 땅에 횡행하는 "가게무샤"들입니다.

삼불치(三不治)

옛 말에 "삼불치(세 가지 치료할 수 없는 병)"라는 말이 있습니다. 그 첫째가 병이 있으되 약을 싫어하여 약을 잘 먹지 않는 것이요, 그 둘째가 무당이나 소문은 잘 믿으면서도 의사를 잘 믿지 않는 것이고, 그 셋째가 자만하거나 게을러서 몸조리를 소홀히 하는 것이라고 했습니다.

위에서 말하는 "삼불치"는 원래 한방에서 전해 내려오는 격언(格言) 같은 것인데, 이를 확대 적용하면 우리 인간사와 너무나 딱 들어맞고, 또 우리가 믿음생활하는 신앙(信仰)에도 정확히 원용할 수가 있습니다.

사사건건 불평과 불만과 자기 확신에 빠져 괜히 교회에 사시적(斜視的)인 시각을 가지고 비판하며, 참여도 잘 안 하고, 성도들과 잘 어울리지도 않고, 봉사나 협조도 잘 안 하는 부류의 사람들이 그 첫째에 해당될 것입니다.

귀가 얇아 남의 이야기나 소문에 솔깃해 하면서도, 과학적인 분석이나 사실적인 학인 없이 맹목적으로 부화뇌동(附和雷同)하거나 무당이나 점쟁이의 말에 관심을 보이며 이단들의 선동에 현혹(眩

惑)되어 목사님 말씀에 불순종하는 사람들이 그 둘째에 해당될 것입니다.

또 혼자만 잘난 체하고, 자기 자랑에 열을 올리며, 타인들이 하는 일은 시원치 않고 별것 아니라는 태도를 보이거나 만사가 귀찮다는 표정으로 일을 보면 무서워 피하고, 주일 하루 교회에 오는 것만으로도 대견스럽게 생각하는 부류가 그 셋째에 속한다고 볼 수 있을 것입니다.

하지만 우리가 여기서 분명히 짚고 넘어가야 할 것이 하나 있습니다. 그것은 다름 아닌 우리 자신들의 '신앙관의 정립'입니다.

뜨겁지도 차지도 않은 미지근한 신앙은 그 무엇보다 곤란합니다. '미지근함'은 중립도 아니고, 반대나 거절도 아닌 어정쩡한 상태를 말하며, 어떤 면에서는 '무책임'이며, '기회주의'인 것입니다. 결국은 '비열함'과 같은 맥락입니다. 그러기에 바울 사도도 '미지근함'을 경계하였습니다. 이런 면에서 볼 때 미지근함은 "삼불치"보다 더 무서운 병이라고 할 수 있습니다.

그렇다면 우리의 신앙은 과연 어디쯤에 자리매김하고 있을까요? 한 번쯤 자기성찰의 시간이 필요하지 않을까요?

책임(責任)

사람이 그 어딘가에 소속이 되어 자기가 맡은 일이 있다면 그 결과에 대해서 본인이 감당해야 할 책임이 있기 마련입니다. 하지만 그 결과가 영광이 아니요 손실이나 오욕(汚辱)이 예상될 때는 하나같이 서로 책임을 떠넘기며 발뺌을 하려고 듭니다. 칭찬과 영광은 내가 받고 싶고 질책과 원망은 남에게 떠넘기려는 경향이 농후합니다. 자기가 일을 벌였다면 결과에 대해서도 책임을 져야 하는 것이 당연함에도 그렇습니다.

세상을 시끄럽게 하는 정치권의 다툼은 물론, 권력기관의 핵심 간부들이 서로 책임을 떠넘기고, 심지어 가족 간에도 이런 현상은 비일비재합니다. 그러니 책임전가가 사회 전반에 만연해져서 책임의 소재를 밝히는 것조차 헷갈리게 할 때가 많습니다.

미국 워싱턴 주 클라이드 힐 마을에서는 웃지 못할 헤프닝이 벌어졌습니다. 동전던지기를 해서 시장을 선출한 것입니다. 거짓말 같은 이 사건은 공교롭게도 시장 선거 투표에서 두 후보의 표가 567표로 모두 똑같이 나오자 난감한 선거관리 위원들이 심사숙고 끝에 내린 결정이었습니다. 물론 두 후보의 동의를 어렵게 얻은 후의 결과인데, 이 소식을 들은 주민들이 들고 일어났습니다.

거칠게 항의하는 그들을 향해 선거관리 위원장은 이렇게 말했습니다.

"이 방법이 어리석은 방법이라고 나무라지 마십시오. 한 사람, 단 한 사람만 더 투표에 참여했더라도 이런 일은 없었을 것입니다."

이 말을 들은 주민들은 찬물을 끼얹은 듯 잠잠해졌습니다. 사실 그 말이 옳았습니다. 그 책임은 누구도 부인 못할 모두의 책임이었기 때문입니다.

예수님께서 들려주신 생명의 말씀은 세상 모든 사람들에게 널리 전파되었고, 이미 충분히 증거되었습니다. 또한 성령님께서도 오랫동안 모두의 마음문을 여시려고 노력하셨습니다. 그렇기 때문에 심판의 날, 주님의 심판이 너무 가혹하다거나 어리석다거나 편파적이거나 너무 성급했다고 말할 수 없을 것입니다.

죄인들은 늘 많은 핑계거리를 찾습니다. 그리고 우기고 변명합니다. 그러나 죄의 삯은 사망이라고 했듯이 자기 잘못에 대해서는 그에 상응한 책임을 져야지 핑계거리를 찾아서는 안 될 것입니다. 따라서 우리는 그들에게 구원의 길을 분별할 수 있도록 도우며 더 이상 핑계거리를 댈 수 없도록 복음을 전해야 합니다.

거저 주기

우리 선진들은 참으로 많은 우여곡절(迂餘曲折)을 겪으며 이 험한 세상을 살아왔습니다. 일제 말기의 악랄한 수탈과 억압, 해방의 기쁨을 제대로 느껴보지도 못한 채 자유와 공산진영의 이념 전쟁에 휩쓸려 동족상잔(同族相殘)의 아픔을 겪어야 했고, 3·15부정선거, 4·19 민주화운동, 5·16 쿠테타, 6·3 민주화운동, 새마을운동, 경제성장 등 격변하는 시대에 떠밀리고 살아야 했고, 공포와 억압, 굶주림과 경제건설 등 환난과 고통을 맞닥뜨려야 했던 주역들이 바로 우리들 세대였습니다.

5월을 보내면서 우리 어렸을 때를 생각해 보았습니다. 인간의 기본적 의식주 충족이 그 무엇보다 갈급했던 우리 부모들은 아이들에게 사랑과 관심을 지금처럼 기울일 수 없었습니다. 먹는 것, 입는 것, 즐기는 것, 생활하는 것 등 모든 면에서 지금의 아이들은 우리 세대에는 상상도 못할 '지상천국' 그 자체에 살고 있다고 볼 수 있습니다. 그러나 지금 아이들은 이런 형편임에도 늘 무언가 부족해 하며 불만이고 갈급해 합니다.

또 한 가지 생각나는 것은 6·25 전쟁과 교회와의 관계, 즉 하나님의 역사하심입니다. 천주교가 이 나라에 들어온 후 엄청난 박해와 억압으로 기를 못 펴고 있은 지 백여 년, 기독교가 다시 한국에 상륙했을 때는 그때보다는 형편이 나아졌다고는 하지만 뿌리 깊은 유교와 불교 및 토속 샤머니즘의 영향으로 전파가 더디기만 했던 것이 아이러니하게도 전쟁 덕분(?)에 엄청난 파괴력을 가지고 전국에 전파되기 시작했던 것입니다.

지금도 그때가 생생하게 기억납니다. 먹고 입는 것이 가장 갈급했던 시대에 교회에서 구호품으로 밀가루와 헌 옷 등을 무상으로 나누어 주었기에 남녀노소 할 것 없이 교회로 몰려들었습니다. 특히 부활절이나 성탄절에는 더 많은 선물들을 나누어 주었기에 그걸 받으려고 교회는 그야말로 문전성시(門前成市)를 이루었습니다. 이런 선행으로 인해 당시 교회는 가난한 백성에게는 천사들의 모임으로 여겨졌습니다.

물론, 받는 것으로 끝난 사람이 대다수이기는 했지만 그것을 계기로 복음을 알게 하는 하나님의 능력과 섭리(전도)하시는 지혜를 보며 모두가 감탄하지 않을 수 없었습니다. 그때의 그 갈급했던 그 루터기들이 오늘의 한국 교회에 거목으로 자랐고 또한 교회 성장의 밑거름이 된 것입니다.

이런 역사가 온 세상 땅 끝까지 그 바통이 이어지기를 소망합니다. 거저 받았으니 거저 주어야 합니다. 그것이 주님이 원하시는 것이니까요.

"…너희가 거저 받았으니 거저 주어라(마 10:8)."

301

지도리의 삶

상용은 노자(老子)의 스승으로 알려진 인물입니다.

그가 임종(臨終)을 맞게 되자 제자인 노자가 마지막 가르침을 요청했습니다. 그러자 상용이 한마디 했습니다.

"혀(舌)는 있느냐?"

"예, 있습니다."

"그럼 이(齒)는?"

"하나도 없습니다."

"이제 알겠느냐?"

한참을 생각하던 노자가 대답했습니다.

"예, 알겠습니다. 강한 것은 없어지고 부드러운 것은 남는다는 말씀이시군요."

"그래, 그거야."

노자의 유약겸하(柔弱謙下), 즉 부드러움과 약함의 철학이 여기서 나왔다는 것입니다.

명나라 육소형(陸紹珩)의 취고당검소(醉古堂劍掃)에도 비슷한 이야기가 실려 있는데 '혀는 남지만 이는 없어진다', 즉 강한 것은 끝

내 부드러움을 이기지 못한다는 의미입니다. "문짝은 썩어도 지도리(돌쩌귀)는 좀먹는 법이 없다. 편벽된 고집이 어찌 원융(圓融)함을 이기겠는가?"라는 말로, 그 은유(隱喩)의 깊은 뜻을 살펴볼 수 있겠습니다.

사실, 강한 것은 상대를 꺾고 부수지만 결국은 자기가 먼저 깨지고 맙니다. 강한 것, 강한 사람이 승리하고 이기는 것 같지만 실상은 부드러움과 원만함이 최후 승자가 되는 것을 볼 수 있습니다. 부드러움은 그 어떤 충격에도 완충(緩衝)의 힘으로 이를 흡수해서 강함을 약화시킵니다. 결국 강한 것을 더 강한 것으로 막으려 하면 오히려 그 둘 다 상하게 되고 맙니다. 출입을 제어하는 문짝은 비바람에 쉬 썩지만, 문짝을 여닫는 역할을 감당하는 지도리는 오래될수록 빛이 나고 좀먹지 않는 이치와 같은 것이지요. 왜 그럴까요? 그것은 끊임없이 움직이며 자기 역할을 충실히 감당하기 때문입니다.

돌쩌귀는 문을 여닫는 역할만 하는 것이 아니라 문과 문짝을 연결해 주는 중요한 역할을 감당하기도 합니다. 회심 후에도 배척 받고 지탄 받던 바울을 도와준 바나바가 그러했듯이요. 자기 일 아닌 것엔 관심도 없고, 남의 일엔 참견하는 것도 싫고…. 매사를 이런 식으로 안일(安逸)만 찾고, 편하고 익숙한 것에만 안주하다 보면 정체(停滯)되고, 퇴화되고, 고착화되기 마련입니다. 하나만 붙

들고 편벽된 고집을 부리기보다, 좀 더 폭넓게 받아들이는 유연함
이 필요한 것입니다.

　정체된 삶, 고여 있는 나날들, 어제와 오늘이 같고, 내일도 오늘
과 다를 바 없는 삶. 이런 다람쥐 쳇바퀴 돌리는 삶은 아무런 발전
도 의미도 값어치도 없는 것입니다. '이제까지 아무런 문제가 없었
으니 앞으로도 잘되겠지.' 하고 몸이 굳어 현 상태에 안주하려는
순간 조직은 썩기 시작합니다.
　우리의 삶은 흐름과 결을 따라 부드럽게 반응하는 것이 중요합
니다. "썩지 않으려거든 움직여라. 변화에 적응하는 유연성을 길
러라."
　이는 강한 것을 물리치는 힘은 부드럽게 낮추는 데서 나오기 때
문입니다.

　* 원융(圓融) : '원만하여 막힘이 없다는 뜻으로서, 아무 구별 없이 서로 통
한다'는 의미.